搜索引擎优化

实 践

◉ 张 帆 主编

辽宁大学出版社 沈阳
Liaoning University Press

图书在版编目（CIP）数据

搜索引擎优化实践/张帆主编. —沈阳：辽宁大
学出版社，2024.4
ISBN 978-7-5698-1480-4

Ⅰ.①搜…　Ⅱ.①张…　Ⅲ.①搜索引擎—系统最优化
—教材　Ⅳ.①G254.928

中国国家版本馆 CIP 数据核字（2023）第 237199 号

搜索引擎优化实践

SOUSUO YINQING YOUHUA SHIJIAN

出　版　者：辽宁大学出版社有限责任公司
　　　　　　（地址：沈阳市皇姑区崇山中路 66 号　邮政编码：110036）
印　刷　者：鞍山新民进电脑印刷有限公司
发　行　者：辽宁大学出版社有限责任公司
幅面尺寸：170 mm × 240 mm
印　　张：13
字　　数：260 千字
出版时间：2024 年 4 月第 1 版
印刷时间：2024 年 4 月第 1 次印刷
责任编辑：金　华
封面设计：高梦琦
责任校对：张　茜

书　　号：ISBN 978-7-5698-1480-4
定　　价：78.00 元

联系电话：024-86864613
邮购热线：024-86830665
网　　址：http://press.lnu.edu.cn

序

随着互联网的快速发展，搜索引擎优化（SEO）作为一种提升网站可见性、易用性和相关性的技术越来越受到企业和个人的重视。为了满足日益增长的 SEO 人才需求，以及职业院校的教学需求，我们编写了《搜索引擎优化实践》一书。

本书以搜索引擎优化岗位网络招聘数据为基础，对岗位职责、岗位要求进行数据分解、整合分析。本教材依据职业岗位技能要求，将岗位工作分解成典型工作任务，以任务模块为主要章节，以职业技能清单为要素编写的具有灵活性，各单元既独立又联系的突出职业化的任务模块化教材。全书内容包括网站建设初期筹备工作、网站关键词策划、网站页面优化任务、网站关键词布局、网站内容建设任务、网站外链信息平台建设、网站数据监控任务、网站统计工具使用任务、网站数据分析任务、网站数据统计报告制作、网站意见收集反馈、网站优化方案策划。

本书是湖北省高等学校省级教学研究项目"《搜索引擎优化》新型活页式教材开发"（编号：2021600）的研究成果。

本书的编写汇聚了多位在搜索引擎优化领域有丰富实践经验和教学经验的教师。他们在繁忙的教学和工作中抽出时间，将自己的知识和经验贡献出来，期望通过本书帮助更多的人掌握这项重要技能。本书由黄冈科技职业学院软件工程学院张帆统筹并撰写章节框架及思政案例，邱达文完成第 1~3 章案例，雷振完成第 4~6 章案例，张鼎完成第 7~9 章案例，肖秋实完成第 10~12 章案例。

　　撰写此书，我们希望能够为搜索引擎优化课程教学和岗位实践提供帮助并为相关研究提供借鉴。我们也希望读者能够提出宝贵的意见和建议，以便我们在今后的写作中不断改进。

张　帆

2023.12

目　录

任务一：网站建设初期筹备工作

1.1 任务情景

如今每一家企业都需要一个官方网站，官网是企业的门面，也是展示企业最全面、最好的平台。为了建立一个优秀的网站，需要进行大量的筹备工作，包括了解企业的业务服务和产品、确定企业网站的定位以及明确目标客户群体等。因此，在网站建设初期做好筹备工作至关重要。这些前期准备工作将决定网站的质量和未来流量的大小。

1.2 知识准备

1.2.1 网站目标定位

不同的网站在互联网上追求的目标不尽相同，因此会获得不同的收益。无论是企业还是个人，建立网站都是为了长期的生存、发展和盈利。因此，我们首先需要明确网站的实际目标，它应该是具有可操作性的，用来指导网站的设计和运营行为，而不仅仅是泛泛而谈的目标。网站目标必须在建设之前就明确确定。网站目标应该明确具体，可操作，例如增加收益、促销、引流或提升品牌价值。这些目标需要指导网站的规划与设计。下面是三种主要的网站目标。

（1）展示企业形象和品牌

这是企业建站的最低要求。一个美观大方的网站无形中提升了企业的知名度和美誉度。

（2）获得更多的目标客户

大多数企业建立网站的核心目的是营销和获取潜在客户。网站是吸引流量的重要工具之一，营销型网站的一切努力都以获取成交客户为目标，包括网站定位、展示企业优势、产品卖点、客户痛点、盈利模式以及第三方见证等。这些考虑因素旨在引导用户主动与网站互动，从而获得客户资源。如图1-1。

图 1-1

（3）网站功能性开发

企业网站建设后，通过与客户互动，可以更及时地了解产品、服务和市场信息，为企业提高产品质量、改进服务、把握市场信息以及调整经营方向提供参考和依据。同时，可以根据客户需求在网站中加入定制模块，例如会员、购物车、订单查询等功能。功能性网站注重体验、交互和整体实用性，具有较强的营销功能，例如淘宝、京东等电商网站。

1.2.2 网站目标客户群体

定位网站目标客户群体需要充分了解这部分人群的用户习惯和需求。目标客户群体是网站内容设置、功能设置、服务交流、内容构建和营销策略制定的重要基础。在初步确定目标客户群体时，必须关注企业的战略目标，包括以下两个方面：

（1）寻找企业品牌需要特别关注的具有共同需求和偏好的消费群体；

（2）寻找能够为公司带来销售收入和利益的群体。

通常可以根据用户年龄、教育水平、收入水平、区域分布、工作、性别、婚姻特征以及网络使用水平的不同需求来划分目标客户群体。根据不同的目标客户群体，可以确定网站的运营目标和性质。接下来，需要对总体目标客户群体进行排序，确定首要目标、次要目标和潜在目标。如图1－2。

图 1－2

首要目标是在总体目标客户群体中具有最高消费潜力的消费者。他们分为以下四种类型：

（1）经常购买该产品或大量购买该产品的消费者，例如经常购买沙拉酱、意大利通心粉等西式食品的消费者；

（2）刚开始接触和购买同类产品的消费者，例如刚有能力购买小型住房的年轻消费者；

（3）对产品有最高期望值的消费者，例如女性对化妆品的需求；

（4）产品的早期使用者，他们能够产生示范效应，影响其他人的购买选择，例如数码 DV 的早期使用者。

通过营销甚至推广手段，可以使首要目标成为产品的忠实拥护者和品牌的深入认知者，从而帮助企业获得较高的稳定销售收入。同时，企业可以通过客户关系管理手段来经营次要目标和潜在目标，从中获得长期的销售收入。

1.2.3　竞争对手分析

企业的经营存在竞争，其网站也必然存在生存空间的竞争。了解竞争对手的运营状况是网站建设和运营中的关键一环，因为只有知己知彼，才能百战不殆。想要在网站建设和运营中立于不败之地，必须先对竞争对手的网站进行整体了解，然后结合企业自身情况确定目标，策划并建设符合自身发展需要的网站和运营流程。了解竞争对手的网站可以从以下几个方面进行：

（1）网站设计和用户体验：分析竞争对手的网站设计风格、页面布局、色彩运用和视觉效果等，评估其用户体验是否流畅、直观，并与自己的网站进行比较。了解竞争对手的设计理念和实践，可以借鉴优秀的部分，并思考如何在此基础上提升自己网站的吸引力和易用性。

（2）内容策略和优化：分析竞争对手的内容策略，包括网站的文章、图片、视频等内容形式，以及其更新频率和质量。了解他们的关键词优化策略、SEO技巧和用户互动方式，可以从中学习并探索自己网站的内容定位和优化方向，以提供有价值的信息和吸引流量。

（3）营销手段和渠道：研究竞争对手的营销手段和渠道，包括广告投放、社交媒体活动、电子邮件营销等，了解他们的推广方式、参与度和效果。从中可以发现他们的优势和劣势，思考如何借鉴或超越他们的营销策略，以在市场中脱颖而出。

（4）客户关系管理：分析竞争对手在网站上的客户关系管理方式，如在线客服、用户反馈机制、售后服务等。了解他们如何与客户互动和解决问题，可以帮助企业改进自己的客户关系管理体系，并提升用户的满意度与忠诚度。

（5）数据分析和监控：研究竞争对手在网站上的数据分析手段和监控工具，了解他们如何追踪和评估网站的流量、转化率等关键指标，并根据这些数据进行优化和改进。这将有助于企业优化自己的数据分析体系，并更好地了解自己网站的运营效果。

通过以上方式，可以更全面地了解竞争对手的网站运营情况，从而为自己的网站建设和运营提供更有针对性的指导。

1.2.4 网站结构策划

网站结构设计是网站建设初期的重要任务，既要追求美观，也要注重实用性。在设计网站结构框架时，需要考虑网站的营销效果、用户体验以及企业形象展示等方面。网站的结构风格应与企业的品牌形象保持一致，同时还要符合当前的网站设计潮流趋势。在选择色彩、字体、标题和个性化等方面要协调统一，特别是在冷暖风格和对比色调上要运用色彩技巧。

网站优化的最终目标是吸引更多用户，使用户感到网站提供了适合自己的答案。因此，内容和用户体验是非常重要的因素。

（1）网站栏目

一个网站由多个不同的栏目组成，如新闻栏目、体育栏目、娱乐栏目等。网站的栏目一般对应着网站内容在硬盘上的文件存储形式，优秀的网站结构应该使网站栏目与其在硬盘上的存储结构相对应。以下是一个基本的网站栏目策划，具体的策划过程还需要根据网站类型、目标受众和业务需求进行调整。

• 制定主导航栏目：根据网站目标和目标受众需求，确定主导航栏目，通常包括首页、关于我们、产品/服务、新闻/资讯、联系我们等。

• 划分子导航栏目：将网站内容进一步划分为逻辑相关的子导航栏目，例如产品分类、解决方案、行业动态、常见问题等。

• 设计分类结构：在子导航栏目下创建分类结构，将相关内容进行分组，使用户可以在特定领域中深入探索和查找信息。

• 规划专题栏目：根据网站需求和目标，设计专题栏目，用于突出某个特定主题或活动，例如促销活动、专家观点、用户案例等。

• 考虑导航元素：选择合适的导航元素，例如面包屑导航、侧边栏导航、标签云等，以提供更好的用户导航和浏览体验。

• 建立交叉链接：在栏目策划中考虑交叉链接，将相关信息连接起来，方便用户在不同栏目之间进行转换和导航。

• 考虑可访问性：确保栏目和导航系统对所有用户都易于访问，包括考虑视觉障碍、听力障碍和运动障碍等方面的需求。

（2）网站形象（IP）

随着科技的进步，视觉文化的要求不断变化。网络视觉识别系统将成为统领所有技术与艺术集合的核心。因此，需要紧跟时代的步伐，营造整体统一、易于识别的视觉效果，从而对品牌企业和产品形象产生一定的影响，推动经济的发展。网站形象的基本元素包括网站LOGO、标准色彩、标准应用版式、标准字体、背景、图片和网站控件等。

（3）风格设计

网站风格设计是指确定网站的整体视觉风格和样式，以传达品牌形象和吸引用户。以下是一些常见的网站风格设计要素和建议。

• 品牌一致性：确保网站的风格与品牌标识和其他营销资料保持一致。使用相同的颜色、字体和图形元素，以加强品牌识别和认知。

• 色彩选择：选择与品牌形象和目标受众相匹配的颜色方案。色彩可以传达情感和氛围，同时也要考虑色彩对用户体验和易读性的影响。

• 页面布局：设计简洁清晰的页面布局，使内容易于阅读和理解。避免过度拥挤或混乱的布局，利用白空间来创建平衡和组织。

·图片和图形：使用高质量、相关性强的图片和图形元素，以增强视觉吸引力和用户体验。确保图像大小适当，加载速度合理，不影响网站性能。

·字体选择：选择易于阅读和与品牌形象相符的字体。使用不超过3种字体，并根据标题、正文和引用等不同内容区块进行区分。

·响应式设计：确保网站适配不同的设备和屏幕尺寸，提供一致的用户体验。响应式设计可以使网站在手机、平板电脑和桌面电脑上都能正常显示和操作。

·导航设计：设计简单直观的导航系统，使用户能够轻松浏览网站和找到所需内容。使用易于理解的标签和符号，并考虑使用面包屑导航等辅助导航元素。

·强调重点：通过合适的颜色、字体、大小和对比度等手段来突出重要信息和功能，引导用户的注意力和行为。

·页面加载速度：优化网站的性能，确保页面加载速度，以提供良好的用户体验。压缩图片、优化代码和使用缓存等技术都有助于加快页面加载速度。

·用户友好性：在设计过程中要考虑用户的使用习惯和需求，使网站易于导航和操作。提供清晰的指导和反馈，以减少用户的困惑和迷失感。

1.3 实训任务：确定企业网站目标

1.3.1 任务描述：

目前A企业在过去几年中实现了稳定的发展，并且业务规模不断扩大，涵盖了数十个不同类别的业务。然而，现有的企业网站已无法满足企业在经营和宣传方面的需求。为此，网络部门已着手制定新的企业网站，以满足企业运营的要求。

在接到这项工作计划后，网络部门需要开始网站建设工作，并首先完成企业网站目标定位的任务。

1.3.2 任务目标：

（1）确定A企业网站的展示内容，包括对新旧业务的取舍。
（2）确定网站当前的功能性需求。

（3）确定网站的目标定位，例如展示、转化、销售等。

1.3.3　任务思路：

（1）模拟召集相关部门的代表，包括业务部门、市场部门等，进行会议讨论，了解企业目前的经营情况和宣传需求，进行头脑风暴。

（2）分析企业的核心业务和战略方向，确定在新网站中需要重点展示和推广的业务领域。

（3）对现有网站的内容进行评估，识别哪些内容已过时或不再符合企业战略，决定是否保留、更新或删除这些内容。

（4）与业务部门和市场部门合作，了解他们对新网站的功能性需求，例如在线销售、产品展示、客户支持等。

（5）调研竞争对手的网站，了解行业标准和最佳实践，以帮助确定新网站的目标定位。

（6）根据以上分析和讨论的结果，制定新网站的展示内容，明确各个业务领域的重要性和展示方式。

（7）确定新网站的功能性需求，包括与业务相关的功能模块、用户交互设计等。

（8）确定网站的目标定位，是作为品牌宣传的主要平台、促进转化和销售的工具，还是提供信息和支持的渠道等。

1.3.4　任务演示；

第一步：以某学院（http：//www. hkrjxy. com）为例，首先要与学院领导和相关部门沟通，了解学院的使命、愿景、核心价值观和主要业务目标。这些信息可以作为确定网站目标的基础，从而确定要搭建的是一个学校官方网站，还是一个提供学生资源和校园生活信息的平台。确定网站的目标和功能将有助于后续的规划和设计。如图1－3。

图 1—3

第二步：收集和准备网站的内容，包括学校的介绍、专业信息、师资力量、学院新闻等。优质的内容对于用户体验和搜索引擎优化至关重要。如图1—4。

图 1—4

第三步：进行竞争对手分析，了解他们的网站目标和定位。以全国其他优秀高职高专为目标，研究他们的品牌形象、专业特点，分析他们的目标受众和市场份额。通过了解竞争对手的优势和劣势，可以找到自身的差异化优势和定位空间。如图1—5。

| 全国高职院校排名 | × | ⊙ | **百度一下** |

全部　　王牌专业　　职业学校排名　　公办　　医学类　　三列类

百度文库 2023-08 广告

全国高职院校排名的最新相关信息

 全国高职专科院校排名:深圳职业技术学院位列第一,考...
以上就是校友会最新全国高职专科院校排名,大家可以参考参考,名单中
的高职专科院校排名一共分为了三个类型,其中Ⅰ类院校为以工学...

🔵 寻梦指南　7月19日

2023全国高职院校200强排名表
从地区竞争力来看,江苏、广东、山东、河南和湖南省的高职教育整体水平居全国前五位:从高职院
校总数来看,河南省以99所继续居首,其次是广东省(93所)、江苏省(90所)、山东省(83...

搜狐教育　7月20日

 2023年全国高职专科院校最新排名出炉!福建3所院校跻...
之前,小编给大家分享了金平果(中评榜)、GDI智库2023年全国高职
专科院校排行榜;近日,软科2023年高职院校排名出炉。那么福...

🔵 猎学网　7月20日

● 查看更多 ＞

职业学校排名 - 百度文库
★★★★★ 4.6分　3页　128次阅读　2023-08-08
职业学校排名北京高职院校排名1、北京青年政治学院2、北京科技经营管理学院3、北京电子科技
职业学校4、北京信息职业技术学院5、北京工业职业技术学院6、北京吉利大学7、北京培黎职...

图 1—5

第四步：根据学院的目标受众和差异化优势，确定网站的功能和内容方向。确定网站所需的核心功能，例如在线沟通、专业信息、师资力量等。同时，对我们之前收集的学院内容进行优化删减，从而确定网站所需的核心内容，包括文章、产品描述、图片、视频等。

1.3.5　任务实施：

（1）企业经营业务：
请提供A企业（自拟行业，以下同）经营的主要业务范围和领域。

（2）核心业务：
请指明A企业的核心业务，即对企业发展最为重要和关键的业务。

（3）企业经营时长：

请提供 A 企业经营的时长，即从成立至今的时间。

（4）企业产品销售渠道：

请描述 A 企业目前的产品销售渠道，例如线上销售、线下实体店、分销渠道等。

（5）网站经营目标：

请明确 A 企业希望通过新网站实现的目标，例如提高品牌曝光度、吸引潜在客户、促进销售增长等。

请提供以上信息，以便网络部门准确完成企业网站目标定位的任务。

·

1.3.6　自我评价：

日期		年　月　日		
评价内容	评价层次			
	了解	熟悉	掌握	精通
企业业务				
企业经营模式				
企业经营渠道				
企业经营目标				
整体评价				
有益的经验和做法				
总结反馈建议				

1.3.7 任务拓展：

（1）分析三个不同行业公司网站，确定其公司网站运营目标。

行业类别	网站运营目标
教育行业	
美容行业	
设备行业	

（2）在招聘网站上，找出相关岗位对本任务的要求和职责描述。

平台	岗位职责
前程无忧	职责描述
智联	职责描述

1.4 实训任务：确定目标客户群体

1.4.1 任务描述：

A企业网络部正筹建新网站，目前需要确定网站的目标客户群体。该任务的目标是了解潜在客户的年龄、教育水平、收入水平、区域分布、工作、性别、婚姻状态等信息，并根据不同的网络水平层次制定网站的运营目标、网站风格、网站内容以及沟通话术的表达方式。这样的定位将有助于确保网站的目标客户群体精准定位，提高网站的运营效果。

1.4.2 任务目标：

确定A企业网站的目标客户群体。

（1）了解目标客户群体的年龄、教育水平、收入水平、区域分布、工作、性别、婚姻状态等特征；

（2）利用不同的网络水平层次来制定网站的运营目标、网站风格、网站内容和沟通话术的表达方式。

1.4.3　任务思路:

(1) 收集潜在客户的基本信息,包括年龄、教育水平、收入水平、区域分布等。

(2) 分析收集到的数据,对客户群体进行细分和分类,例如按年龄段、收入水平等划分不同的目标客户群体。

(3) 针对不同的目标客户群体,了解其特征和需求,例如根据教育水平和工作类型,了解他们在网站上寻找什么信息或产品。

(4) 根据目标客户群体的特征和需求,制定网站的运营目标,例如吸引更多的年轻受众、提供高端产品给高收入群体等。

(5) 根据目标客户群体的特征和喜好,确定网站的风格和设计,例如选择合适的色彩、排版和界面风格,以吸引目标客户的注意。

(6) 根据目标客户群体的特征和需求,确定网站的内容,包括文字、图像、视频等,以满足他们的信息需求和兴趣。

(7) 根据目标客户群体的特征和沟通偏好,制定网站的沟通话术和表达方式,例如用简洁明了的语言、易于理解的表达方式来与目标客户进行有效的沟通。

1.4.4　任务演示:

第一步:找到企业网站的核心受众,以某学院(http://www.hkrjxy.com/)为例,该网站的主要受众有以下几类:

·学生是学院网站的主要受众之一。他们可能希望从网站上获取关于招生、录取、课程安排、校园生活、学生活动等方面的信息。网站可以提供学生服务和资源,如学生手册、课程表、学习资源、社团活动信息等,以提供学生所需的支持和帮助。

·教职员工:包括教师、行政人员和其他工作人员。他们可能需要通过网站获取关于教学、招聘、行政信息、教学资源等内容。网站可以提供给教职员工信息发布的渠道,以及内部系统的访问途径,方便与校内的各个部门和教职员工进行沟通和协作。

·潜在学生和家长:网站可以作为潜在学生和家长了解学院的窗口。他们可能关心学院的专业和课程设置、学院的声誉和资质、招生政策和录取标准等。网站可以提供学院的介绍、学业准备建议、申请流程以及录取信息等,帮助潜在学生和家长做出决策。

·校友:学院的校友群体也是目标受众之一。他们可能希望通过网站与母校保持联系，获取校友活动信息、校友资源、就业机会、捐赠项目等内容。网站可以提供校友事务的信息和校友网络的建立，促进校友之间的交流和合作。

·社会公众：除了上述群体，学院的新网站可能还会吸引其他社会公众的兴趣。例如，媒体、企业合作伙伴、行业相关人士等，他们可能关注学院的重要新闻、科研成果、就业情况等。网站可以提供学院新闻发布、合作机会、科研成果展示、校园文化等信息，增强学院的知名度和影响力。

需要指出的是，以上群体只是一般性的例子，目标客户群体的具体范围和特征还需要根据学院的定位、专业设置和市场需求进行更详细的分析和确定。

第二步：针对不同的目标客户群体，了解其特征和需求，构建受众的人群画像。我们可以通过百度指数等第三方工具进行查找，如图1-6。

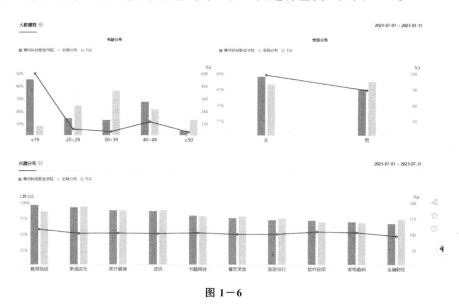

图 1-6

第三步：通过以上分析，我们可以看出，网站的主要受众是学生及家长，那么网站的内容质量、风格设计会直接影响到是否能够吸引这部分受众的关注和认同。因此，学院的新网站需要全面满足不同受众的需求，提供相关信息和资源，提升用户体验，实现学院与受众之间的有效沟通和互动。

1.4.5 任务实施：

（1）企业经营业务：

请提供 A 企业经营的主要业务范围和领域（需要考虑以下方面）：

年龄范围：确定主要针对的年龄段。

教育水平：了解目标客户群体的教育程度。

收入水平：了解目标客户群体的收入水平情况。

区域分布：确定目标客户群体所在的地理区域。

工作：了解目标客户群体的职业背景。

性别：确定目标客户群体的性别比例。

婚姻状态：了解目标客户群体的婚姻状况。

目标群体确定方式及理由：

确定目标群体的渠道：

1.4.6 任务拓展：

分析三个行业网站的目标客户群体：

教育行业：分析教育行业网站的目标客户群体特点和定位。

美容行业：分析美容行业网站的目标客户群体特点和定位。

设备行业：分析设备行业网站的目标客户群体特点和定位。

1.5 实训任务：竞争对手分析

1.5.1 任务描述：

A 企业的网络部门正在策划新的网站，在进行网站策划过程中需要了解主要竞争对手的情况。了解竞争对手的网站模式、基本运营情况，可以为网站策划提供参考，结合公司自身产品业务制定相应计划。

1.5.2 任务目标：

（1）了解竞争对手的网站信息，包括域名、服务器、网站结构、风格和核心业务。

（2）了解竞争对手网站的核心关键词、网站收录情况和排名情况。

1.5.3 任务思路：

（1）确定主要竞争对手，根据行业知名度、市场份额等因素进行筛选。

（2）访问竞争对手的网站，了解其域名、服务器信息，以及网站的整体结构和页面布局。

（3）分析竞争对手网站的风格和设计，包括色彩搭配、排版方式、图像运用等方面的特点。

（4）研究竞争对手网站的核心业务，了解其产品或服务的定位、特点和推广方式。

（5）进行关键词分析，通过关键词工具或搜索引擎查询竞争对手网站的核心关键词，了解其在搜索引擎中的排名情况。

（6）深入了解竞争对手网站的收录情况，通过搜索引擎索引的页面数量来评估其网站的覆盖范围和内容丰富程度。

（7）总结和比对竞争对手网站的信息，以及关键词和排名情况，对比自身网站规划和策划的优势和不足。

1.5.4 任务演示：

第一步：确定主要竞争对手。

在进行 SEO 工作时，首先要找到主要竞争对手。可以通过在百度搜索核心关键词并简单查看前 5 页的文章页面来大致确定主要竞争对手的网站。此外，还可以通过与企业业务接触的过程收集到竞争对手的信息。确定了主要竞争对手并收集到他们的网站后，就可以进入网站分析环节。以下案例将以"牛商网"为操作案例说明具体步骤。

第二步：网站综合分析。

通过网站分析工具了解对方的网站基本数据。

输入并打开爱站网 SEO 综合分析网址：https：//www. aizhan. com。

输入您需要查看的竞争对手网址。请注意，带有 www 和不带 www 是有区别的，它们代表不同的站点，查询结果也会不同。因此，请输入完整的网址。

在页面上会列出竞争对手网站的基本数据，如权重信息、域名年龄、百度流量预计等。如图 1－7。

图 1－7

这些信息间接反映了网站的优化状况。通过权重、快照更新时间、域名年龄等指标，可以了解竞争对手的具体实力情况。而通过百度受宠排名、排名趋势等指标则可以了解到竞争对手所有关键词的排名情况。

其中最有用的是关键词部分，通过它可以了解竞争对手的流量是通过哪些关键词获得的。如图1—8。

META关键词　　来路关键词

关键词	出现频率	2%≤密度≤8%	百度指数	360指数
网络营销	12	0.90%	561	708
营销型网站	13	1.22%	225	34
营销型网站建设	6	0.79%	178	<10
手机网站建设	1	0.11%	120	29
网络营销方案	2	0.23%	87	64
全网智能营销云平台	4	0.68%	<10	<10
单仁牛商	10	0.75%	<10	<10

图1—8

第三步：网站内容数据分析。

进行网站整体结构框架分析，观察竞争对手网站的链接结构和栏目层级，了解竞争对手网站的页面设计、目录深度、SEO标签设置、图片优化等因素。

进行站外推广分析，了解竞争对手在各大社交网站、自媒体平台、搜索引擎营销等渠道的投入情况。

第四步：网站品牌名称热度分析。

通过百度指数等工具，查看竞争对手网站品牌名称的搜索次数，了解网站的知名度和受关注程度。如图1—9。

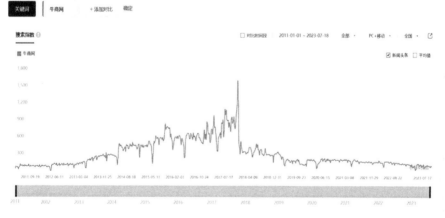

图1—9

1.5.5 任务实施：

（1）竞争对手网站基本信息

域名：竞争对手网站的域名是什么？该域名的注册时间、到期时间是什么？

服务器：竞争对手网站所使用的服务器是什么？服务器的性能如何？

网站结构：竞争对手网站的整体结构是怎样的？包括主页、栏目分类、导航等。

网站风格：竞争对手网站的风格是怎样的？是简洁明了、专业大气还是其他特点？

核心业务：竞争对手网站主要提供哪些核心业务？是否有特色的产品或服务？

竞争对手网站关键词、收录和排名：

关键词：竞争对手网站主要使用的关键词是什么？这些关键词与公司自身产品业务有何关联？

网站收录：竞争对手网站被搜索引擎收录了多少页面？收录情况是否全面？

续表

排名：竞争对手网站在搜索引擎中的排名如何？是否在相关关键词搜索结果中排名靠前？

（2）竞争对手数据对比

	域名	服务器	网站系统	风格
竞争对手1				
竞争对手2				
竞争对手3				

	网站结构	重点业务	核心关键词	主营业务
竞争对手1				
竞争对手2				
竞争对手3				

	收录	基础排名	
竞争对手1			
竞争对手2			
竞争对手3			

1.5.6 任务拓展：

三个竞争对手中，哪一家做得最好：

好的方面：

续表

不足的方面：

1.6 实训任务：网站结构策划

1.6.1 任务描述：

A 企业的网络部门已经完成了网站目标定位、目标客户群体确定以及竞争对手分析等工作。现在需要开始策划并设计网站结构，这是网站初期筹备的重要工作。网站结构的策划需要根据企业需求，设计整体架构、版面分布以及确定栏目数量，以满足企业产品业务的展示需求，并确保潜在客户在浏览网站时的友好体验。

1.6.2 任务目标：

（1）完成网站首页结构的草图设计。
（2）指定网站的栏目策划。

1.6.3 任务思路：

（1）研究企业的产品业务和目标客户需求，理解企业的定位和核心信息传递。
（2）根据目标客户群体的特征和需求，设计网站首页的整体架构和版面分布，包括顶部导航栏、主要内容区域、底部信息等。
（3）草图设计网站首页的具体布局，包括页面元素的排列方式、图片和文本的展示形式等，以达到视觉上的吸引力和信息传递的清晰性。
（4）定义网站的主要栏目，根据企业的产品分类、业务流程等因素，确定栏目的数量和层级关系，确保用户能够方便地浏览和获取所需信息。
（5）考虑网站的导航结构，设计主导航和子导航的布局和链接方式，使用户能够快速准确地导航到所需的栏目和页面。
（6）与设计团队或网站开发人员进行沟通和协调，确保网站结构的设计可行性和技术实现性。

1.6.4 任务演示：

第一步：根据前置任务，已经对网站目标及受众有了深入了解。下一步就是根据这些前置条件进行网站的草图设计。首先要选择合适的栏目分区，基于一般性的网站结构可以得到表1这样的栏目设置，具体情况还需进一步考虑学院的特色和目标用户的需求，以及其他可能的子页面或功能模块的添加。

[表1－1]

主栏目	首页	学院概况	专业介绍	师资队伍
子栏目	学院简介	学院简介	专业介绍	教职工介绍
	办学理念及使命	学院组织结构	课程设置	师资力量
	校园风光	学院荣誉	实践教学	教学经验
	最新消息及公告	校园资源	学生项目	

[表1－2]

主栏目	招生与入学	校园生活	就业指导	联系我们
子栏目	招生政策与条件	学生社团活动	就业服务资源	校园地理位置
	报名与录取流程	学生宿舍和校内设施	实习机会和招聘信息	联系电话和电子邮件
	学费和奖学金	学生荣誉	职业生涯规划	在线联系表单
	学生生活和支持服务	校园安保		常见问题

第二步：根据目标客户群体的特征和需求，设计网站首页的整体架构和版面分布，包括顶部导航栏、主要内容区域、底部信息等信息，例如：

•顶部导航栏：在网站的顶部固定位置，包含主要的导航菜单项，方便用户浏览和访问不同的页面。导航菜单可以包括"首页""学院概况""专业与课程""招生与入学""师资队伍""校园生活""就业指导""联系我们"等选项。

•首页轮播图或特色内容展示区：位于导航栏下方的区域，可以使用轮播图或特色内容展示区域来介绍学院的亮点和特色，例如学院的荣誉、校园风光、优秀学生项目等，吸引用户的注意力和兴趣。

•主要内容区域：在首页的主要内容区域，可以放置一些关键的信息和功能模块，例如：

·最新动态和新闻：展示学院的最新消息、活动公告和重要通知。

·专业与课程推荐：展示学院的优势专业和热门课程，吸引学生和专职人员的关注。

·学院概况和特色：介绍学院的历史沿革、办学理念和特色，建立信任和认可。

·学术研究和科研成果：展示学院的科研实力和学术成就，吸引学术研究人员的关注。

·就业与实习机会：提供就业指导、实习机会和校企合作信息，满足学生的就业需求。

·底部信息区域：在网页底部放置信息区域，包括学院的联系方式、版权信息、隐私政策以及其他相关链接。还可以加入友情链接、快速导航、社交媒体链接等，方便用户浏览其他相关内容或与学院进行互动。如图1－11。

顶部导航栏	
首页轮播图/特色内容展示区	
主要内容区域	
最新动态和新闻	
专业与课程推荐	在线沟通方式
学院概况和特色	
学术研究和科研成果	
就业与实习机会	
底部信息区域	

图 1－11

以上是一个初步的网站首页布局设计方案，根据学院的具体情况和用户需求，可以进行进一步的微调和优化。在设计过程中，注意保持整体布局的简洁、清晰，内容的重点突出，以提供良好的用户体验和导航效果。

第三步：有网站设计草图，接下来就可以和网站制作人员进行沟通协调，确定网站的导航结构，设计主导航和子导航的布局和链接方式。从而保证网站结构的设计可行性和技术实现性。

1.6.5 任务实施：

结合网站业务需求，确定网站版面的大小和布局。

根据网站和企业产品的数量以及风格，构建网站结构的草图。

根据网站内容的策划，设计网站的栏目内容，并绘制出草图。

1.6.6 自我评价：

日 期		年　　月　　日		
评价内容	评价层次			
	了解	熟悉	掌握	精通
网站结构策划				
有益的经验和做法				
总结反馈建议				

1.6.7 拓展任务：

　　在网站结构策划时，如何设计一个受潜在用户喜欢的、具有良好浏览体验的好网站？为了提高用户的黏性，在网站结构策划时，需要优化哪些方面的工作？

1.7　思政小课堂：

1.7.1 分享案例：

华为技术有限公司的成功之道。

·华为的定位。

华为技术有限公司从创立之初就明确了自身的定位：以技术创新和质量为核心，为全球客户提供优质的信息通信技术产品和服务。通过不断的技术创新和研发投入，华为在5G、人工智能等领域取得了领先地位。企业要具有清晰的定位，明确自身的优势和发展方向。同时，要有远见卓识，关注未来的发展趋势，从而提前布局未来。

· 华为的创新思维。

华为一直保持着创新思维，从组织架构到产品研发，再到企业文化，都充满了创新精神。华为致力于打造一个开放、协同的创新生态，使创新成为企业的常态。创新是推动社会发展的重要动力。作为未来的职业人，我们需要培养创新思维，敢于挑战传统，勇于尝试新事物。

· 华为的"积跬步以致千里"。

华为在发展过程中始终坚持"积跬步以致千里"的理念。从最初的交换机，到如今的5G、人工智能等领先技术，华为始终扎扎实实，稳步前进。任何成功都需要脚踏实地、扎实努力。要有耐心和毅力，通过不断的学习和实践，逐步提升自己的能力，为实现远大目标奠定坚实基础。

华为明白5G是未来通信技术的关键，因此选择了在这个领域进行重点投入。同时，华为也明确了自身的优势——拥有大量的专利技术和丰富的网络部署经验。华为在5G技术研发中保持了极高的创新力。他们不仅自主研发了5G技术，还提出了全球领先的5G解决方案，如Massive MIMO、Polar Code等。这些创新使得华为在5G领域取得了领先地位。华为在5G领域的成功并非一蹴而就，而是经过了长期的积累和努力。从早期的研发投入到试验网的部署，再到商用化的推进，华为始终坚持脚踏实地、稳步前进。

1.7.2 案例讨论：

请同学结合自己的兴趣，探讨华为的成功之道能为你的职业生涯带来什么？

任务二：网站关键词策划

2.1 任务情境：

许多企业在建站初期往往忽视了对 SEO 的重视，特别是对关键词的策划。他们错误地认为只要建立了网站就可以了。这种做法通常导致两个结果：一是网站缺乏流量，二是在搜索引擎中搜索相关公司的关键词时无法排名。

事实上，关键词的策划是网站建设中最重要且必不可少的一步。关键词的研究决定了网站整体流量以及初期精准流量的来源，同时也决定了网站运营本身的价值。

2.2 知识准备：

2.2.1 核心关键词

网页核心关键词是指能够反映和解释当前网页核心价值，并概括主要内容的词语。网民希望通过搜索引擎搜索相关关键词来找到符合他们需求的网页，而企业则希望这些包含关键词的内容页面能够被网民搜索到，从而产生有价值的流量。

在确定网站核心关键词之前，我们需要了解核心关键词的特征：

核心关键词应能够精准地表达产品，且词语较为简洁。这些核心关键词是网站首页的目标关键词，它们决定了企业网站的基本流量和基本方向，能够简明扼要地概括企业的运营方向和核心业务。如图 2—1。

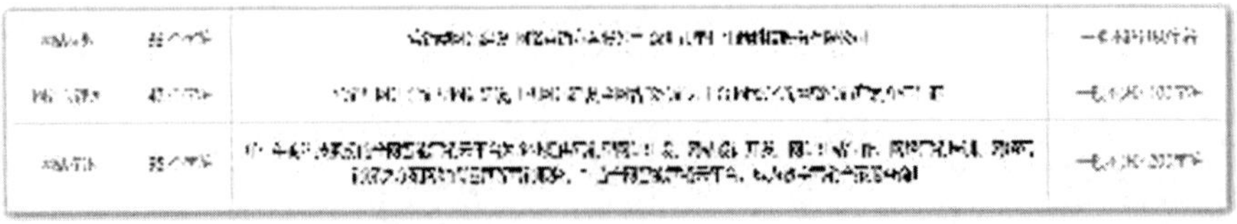

图 2—1

核心关键词在搜索引擎中每天都有一定数量的稳定搜索量，以确保为网站带来定向流量。每个企业网站都需要研究关键词，因为这些关键词在企业运营和网民日常生活中能够产生有效流量。此外，关键词的多样性和创造性也需要被保证，以满足不同维度的需求。只有这样，企业才能获得各种类型的流量和不同的搜索结果，从中获得新的商业需求和创造新的商业产品。如图 2－2。

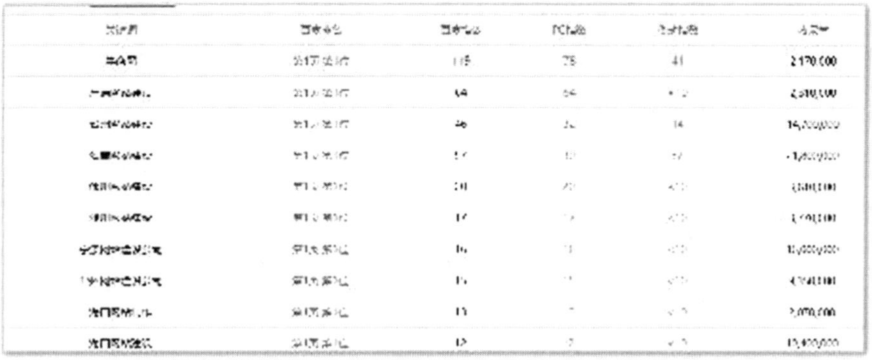

图 2－2

搜索核心关键词的用户往往对网站的产品和服务有需求，或者对网站内容感兴趣。因此，在选择策划关键词时，应选择与企业业务相关的关键词，并确保搜索次数不会过低。如果搜索次数过低，就没有商业价值。因此，网站关键词需要经过有目的的规划和筛选。

2.2.2　关键词竞争程度

关键词的竞争程度直接反映了关键词的优化难度以及可带来的流量多少。当关键词的竞争程度小或无人竞争时，说明这些关键词本身没有商业价值，企业之间没有对这些关键词进行优化排名的动力，潜在客户搜索这些关键词的概率也较低。相反，竞争程度高的关键词意味着企业竞争激烈，关注度高，说明这些关键词具有极高的商业价值，能够带来更多的有效网站流量和潜在客户需求。然而，由于竞争激烈，获得这些关键词的排名也相对困难，企业需要相应的人力和财力投入来实现这一目标。

要准确评估关键词的竞争程度，进行合理的关键词策划非常重要。可以通过以下几个方面来判断竞争难度：

（1）搜索结果数：搜索结果页面会显示与查询词相关的所有页面总数。这个搜索结果数是搜索引擎经过计算后认为与查询词相关的所有页面数量，也代表了参与该关键词竞争的页面数量。搜索结果数越大，竞争程度越高；搜索结果数越小，竞争程度越低。如图2-3。

图2-3

　　（2）竞价结果数和竞价价格：搜索结果页面中显示的竞价广告数量也是衡量关键词竞争程度的重要指标。对于企业网络运营而言，各家企业都在同一个关键词上投放竞价广告，这就表明各家企业对该关键词的重视程度，并且竞价广告投入的费用是真实存在的竞争。如图2-4。

图 2—4

类似地，竞价价格越高，竞争程度就越高。在一些高利润行业中，企业在竞价广告中投入相当高的费用来进行激烈的竞争。尽管在批发和五金小商品等低利润商品领域竞价价格较低，但并不代表竞争程度不高。

（3）内页排名数量：在搜索结果页面的前 10 或前 20 位结果中，网站首页的占比是衡量关键词竞争程度的指标。如果首页占比较高，说明企业对该关键词的重视程度较高，都在进行排名优化。

2.2.3 关键词拓展工具

常用的关键词拓展工具包括百度指数、Google 关键词工具和 360 趋势。通过这些工具，可以根据企业需求拓展出一系列有价值的关键词。此外，还可以利用百度、360、搜狗等搜索引擎的搜索下拉框和相关搜索来进一步拓展相关关键词。另外，站长工具、爱站网和站长之家等在线工具也可用于完成关键词拓展的工作。

首先，Chinaz 关键词挖掘工具是一款免费的关键词查询工具。它能根据关键词的指数、收录量、搜索量和竞价情况分析关键词优化的难易度。该工具提供了关键词难易度查询、核心关键词挖掘、长尾词关键挖掘、竞价关键词挖掘、指数关键词挖掘、相关关键词挖掘和下拉关键词挖掘等功能。Chinaz 关键词挖掘工具具有快速挖词和一键导出关键词的特点，同时提供全面的指数等数据，因此备受许多新手 SEO 人员的喜爱。如图 2－5。

图 2－5

其次，5118 关键词挖掘工具是一款免费的大数据挖掘工具，可以对各类排名数据进行挖掘。它通常根据关键词的收录、指数和竞价搜索情况来评估关键词竞争的难易度。该工具提供了关键词查询、关键词挖掘、行业词库挖掘、指数关键词挖掘、流量关键词挖掘、竞价关键词挖掘和长尾关键词挖掘等功能。5118 关键词挖掘工具极大地方便了 SEO 人员在关键词优化方面的工作。随着技术的不断更新，该工具的功能也日益全面，因此无论是新手 SEO 还是经验丰富的专业人士都对 5118 关键词挖掘工具非常青睐。如图 2－6。

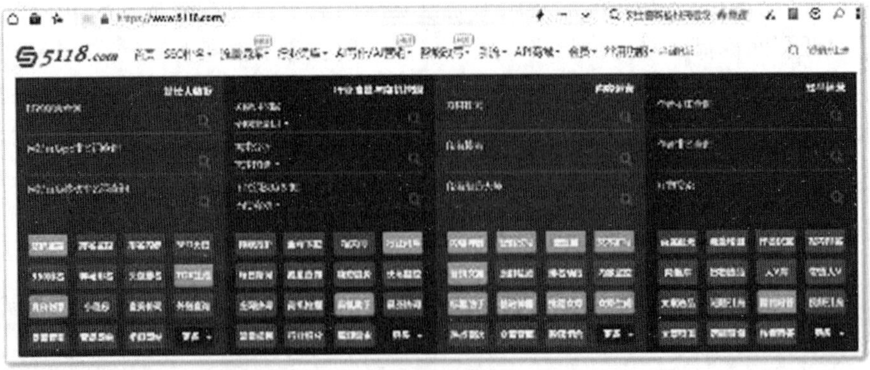

图 2－6

最后，爱站关键词挖掘工具是一款免费工具，它能根据用户输入的关键词拓展出包含该关键词的带指数的长尾词。同时，结合关键词的收录和排名情况，该工具能分析关键词竞争的难易度，为广大站长和 SEO 人员选择和优化关键词提供便利。如图 2－7。

图 2－7

2.2.4 长尾关键词

长尾关键词衍生自长尾理论，指的是较长且具体表述的关键词，其搜索次数相对较低。尽管单个长尾关键词的搜索量较少，但整体而言，长尾关键词的数量庞大，综合搜索次数不亚于核心热门关键词。以下就是以"营销型网站"为关键词衍生出的长尾词。如图 2－8。

序号	关键词	PC/移动	长尾词数量	收录量
1	营销型网站	<50 / 109	15	1.0亿
2	网站建设首页理	<50 / 99	1	6740.0万
3	营销型企业网站	<50 / 77	1	1.0亿
4	营销型网站建设	<50 / <50	11	1.0亿
5	营销型企业网站	<50 / <50	1	1.0亿
6	深圳营销型网站建设	<50 / <50	1	1.0亿
7	上海营销型网站建设	<50 / <50	1	1.0亿
8	深圳营销型网站	<50 / <50	2	2230.0万
9	杭州营销型网站	<50 / <50	2	1840.0万
10	杭州营销型网站建设	<50 / <50	1	1.0亿

图 2－8

长尾关键词具有明确的搜索意图，是精准流量的主要来源。与此同时，长尾关键词的指数较低，竞争度较小，因此相对容易进行排名优化。大量优化有价值的长尾关键词是企业获取流量的重要途径，因此在企业网站的运营中，制作高质量的长尾关键词内容页面是一项重要的工作。

2.2.5 关键词指数

关键词指数是指在一定时间内，某个关键词在搜索引擎中被搜索的次数。较大的搜索量通常对应着较高的指数。这反映了一段时间内该关键词的热度和关注程度，并随之而来的是更大的竞争。然而，并不是指数越高越好。高指数的通用词往往缺乏商业价值，而只有与企业的产品或服务相关的关键词才具有商业价值，才值得进行优化。因此，需要从优化的时间、流量的有效性以及转化率等方面进行评估。此外，优化的难度也需要始终考虑，因为指数过高意味着需要投入大量的人力和财力，并且预期效果难以控制，这并不一定适合企业网站的最佳关键词选择。

通过对上述概念的理解，企业在确定核心关键词时，可以考虑中小企业和个人网站选择搜索量相对较多、竞争度较低的关键词，以保证足够的搜索量和流量。有资源和实力的公司可以选择搜索量最大的几个关键词，但要确保这些关键词与企业产品或服务相关，并进行关键词研究和优化规划。对于产品名称固定且缺乏灵活性的情况，可以通过添加限定词来定位核心关键词，以提高排名。

综上所述，关键词拓展工具和长尾关键词的应用可以帮助选择合适的关键词并进行网站优化，提升流量和排名。应当根据企业需求、竞争程度和用户意图等因素综合考虑，选择最适合的关键词策略。

2.3 实训任务：企业网站关键词选择任务

2.3.1 任务描述：

目前 A 企业的新网站建设已经基本完成，现在需要进行关键词的策划选择，以确定网站未来的流量来源，并制定网站日常运营的目标和计划。这将有助于提高网站的可见性、吸引目标用户、增加流量和提升转化率，进而推动企业的在线业务发展和品牌建设。

2.3.2 任务目标：

（1）根据企业的产品和业务线，确定企业关键词的选择要求。

（2）掌握百度、360、搜狗等相关搜索引擎的搜索工具的使用方法。

（3）将 A 企业的关键词整理成 Excel 表格，以产品线和服务线为导向确定关键词的范围。

2.3.3 任务思路：

（1）分析企业的产品和业务线，了解目标受众的需求和搜索习惯，确定关键词选择的要求。考虑关键词的相关性、竞争度、搜索量等因素。

（2）研究百度、360、搜狗等搜索引擎的搜索工具，了解如何使用这些工具进行关键词的研究和分析。掌握关键词搜索量、竞争度、趋势等信息的获取方法。

（3）利用所掌握的搜索工具，对企业的产品线和服务线进行关键词研究和筛选。将相关的关键词整理成 Excel 表格，包括关键词、搜索量、竞争度等信息。

（4）根据产品线和服务线的重要性和市场需求，确定关键词的优先级和策略。考虑主要关键词和长尾关键词的选择，并确定每个关键词在网站中的应用方式。

（5）制定网站日常运营的关键词目标和计划，包括关键词的使用频率、优化策略、排名监控等，以提高网站的可见性和流量来源。

2.3.4 任务演示：

第一步：在前置任务中，已经对学院的网站核心诉求和目标受众有了一定了解，作为官方网站，是一个对外宣传的窗口，也是学生和家长了解学校真实情况的渠道。那么在关键词的选择上，需要考虑这一部分受众的搜索习惯，比如专业特色、就业前景、学校面积等词。

第二步：对于百度、360 和搜狗等搜索引擎，它们都提供了一些搜索工具来帮助用户进行关键词的研究和分析。以百度指数为例：

百度指数（http：//index. baidu. com）：百度指数是百度提供的关键词搜索趋势分析工具。使用方法如下：

打开百度指数网站，进入关键词查询页面。

输入关键词并选择相关的时间段和地域，点击查询按钮。

可以通过查看关键词的搜索指数曲线来了解搜索量的趋势变化，并对比多个关键词的搜索量情况。如图 2－9。

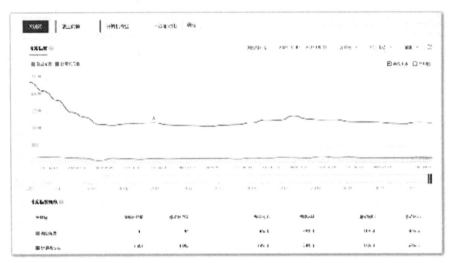

图 2-9

通过使用以上搜索工具，可以获取关键词的搜索量、竞争度和趋势等相关信息。这些数据可以帮助更好地了解用户的搜索行为和需求，从而优化关键词选择和网站内容的制定。

第三步：利用所掌握的搜索工具，对关键词进行研究和筛选。将相关的关键词整理成 Excel 表格，包括关键词、搜索量、竞争度等信息。如图 2-10。

关键词	特色	月均搜索量	竞争激烈程度
黄冈科技职业学院	-	56031	中
黄冈科技职业学院中专部	高频热搜词	499	低
黄冈科技职业学院自考	-	2	高
黄冈科技职业学院航空	-	2	高
黄冈科技职业学校	高频热搜词,黑马词	529	中
黄冈科技职业学院学费	高频热搜词,黑马词	3474	中
黄冈科技职业学院是大专还是中专	-	281	低
黄冈科技职业学院是公办还是民办	高频热搜词,黑马词	1539	低
黄冈科技职业技术学院	高频热搜词	4051	中
黄冈科技职业学院简介	-	95	低
融媒体专业	高频热搜词,黑马词	248	低
工业机器人专业	高频热搜词	3984	高
计算机网络技术专业	高频热搜词,黑马词	3410	高
计算机应用技术专业	高频热搜词,黑马词	4662	高
计算机多媒体技术专业	-	64	高
计算机专业技术资格证	-	19	中
计算机初级专业技术资格	-	37	中
计算机技术专业硕士	-	45	高
计算机专业技术总结	-	14	低
计算机专业技术职称	-	78	中

图 2-10

2.3.5 任务实施：

（1）根据前期工作任务中确定的网站目标群体，以及企业产品和服务来确定网站关键词分类。

品牌词

业务词

价格词

（2）根据关键词分类，制作关键词 excel 工作表。

产品词	品牌词	价格词

（3）将重点优化关键词的百度指数做成 excel 工作表。

产品词	百度指数	品牌词	百度指数	价格词	百度指数

（4）制作优化工作汇报 PPT（关键词选择）重点突出选择思路

2.3.6 任务评价：

日期	年 月 日	
评价内容	评价层次	
	是	否
能否独立制作关键词分类统计表		
能否通过百度指数、360 趋势判断关键词竞争度		
能否流利表达出工作汇报内容		
整体评价		
有益的经验和做法		
总结反馈建议		

2.3.7 任务拓展：

分析三个不同行业公司网站，确定其公司网站主要优化的 15 个关键词。

A. 干洗行业公司：

B. K12 教育行业公司：   C. 医疗美容行业公司：

2.4 实训任务：核心关键词确定任务

2.4.1 任务描述：

A 企业已经完成关键词的基础选择工作，当前需要确定网站首页最重要的 5 至 6 个核心关键词作为未来网站优化的重点工作。因此，需要结合已选出的关键词、企业实际业务、关键竞争难度、指数的高低以及竞争对手的各项情况来确定本企业网站的核心关键词。

2.4.2 任务目标：

(1) 掌握关键词的搜索次数、指数和竞价情况的统计。
(2) 完成核心关键词选择任务。

2.4.3 任务思路：

(1) 分析已选出的关键词列表，了解每个关键词的搜索次数、指数和竞价情况。使用相关的关键词统计工具或搜索引擎提供的关键词分析功能进行数据获取。

(2) 考虑企业实际业务和目标受众的需求，筛选出与企业主要产品或服务相关的关键词。

(3) 研究关键词的竞争难度，了解在搜索引擎中排名较高的竞争对手使用的关键词。

(4) 结合关键词的搜索次数、指数、竞价情况以及竞争对手的情况，综合评估每个关键词的重要性和优势。

(5) 根据综合评估的结果，确定网站首页最重要的 5 至 6 个核心关键词作为未来网站优化的重点工作。

2.4.4 任务演示：

第一步：分析已选出的关键词列表，综合考虑网站诉求和受众搜索倾向，对关键词的搜索量，竞争度进行排列，从而选择出核心关键词，如图 2－11。

关键词	特色	月均搜索量	竞争激烈程度
计算机专业主要学什么	高频热搜词	180611	高
计算机专业	高频热搜词,黑马词	65918	高
黄冈科技职业学院	-	56031	中
计算机最好的三个专业	高频热搜词	37489	高
计算机网络技术就业方向	高频热搜词	31588	高
计算机类专业包括哪些	高频热搜词,黑马词	25210	高
计算机专业大学排名	高频热搜词,黑马词	23999	高
计算机专业包括哪些专业	高频热搜词	15576	高
计算机最好的5个专业	高频热搜词,黑马词	13908	高
计算机哪个专业最吃香	高频热搜词	13772	高
计算机类	高频热搜词,黑马词	12690	高
计算机专业排名	高频热搜词,黑马词	10071	高
计算机专业学什么	高频热搜词	5562	高
计算机应用技术专业	高频热搜词,黑马词	4662	高
计算机有哪些专业	高频热搜词	4203	高
提升学历有哪几种途径	高频热搜词	4138	高
黄冈科技职业技术学院	高频热搜词	4051	中
工业机器人专业	高频热搜词	3984	高
计算机类17个专业	高频热搜词,黑马词	3865	高
计算机类17个专业哪个最好	高频热搜词	3840	高
女生学计算机专业好吗	高频热搜词,黑马词	3624	高
软件工程属于计算机类专业吗	高频热搜词	3603	低
黄冈科技职业学院学费	高频热搜词,黑马词	3474	中
计算机网络技术专业	高频热搜词,黑马词	3410	高
计算机专业就业前景	高频热搜词,黑马词	3298	高
山西大专学校有哪些	高频热搜词,黑马词	3149	高
计算机专业好学吗	高频热搜词	2929	高
计算机专业有哪些	高频热搜词	2853	高
计算机学什么	高频热搜词	2802	高
计算机应用专业	高频热搜词,黑马词	2800	高

图 2－11

第二步：核心词确定，考虑到学院属性和核心专业，那么核心词可以定为：计算机专业，黄冈科技职业学院，工业机器人专业，计算机应用技术专业，等等。

2.4.5 实施任务

步骤一：

（1）通过小组头脑风暴，讨论初步关键词方案，并简述核心观点：

（2）制作核心关键词统计表：

（3）竞争对手分析：

（4）确定核心关键词：

步骤二：

制作核心关键词确定方案 PPT，模拟企业日常工作汇报。

2.4.6 任务拓展：

确定三个行业公司网站的 5 个核心关键词。

A. 干洗行业公司：

B. K12 教育行业公司：

C. 医疗美容行业公司：

2.5 实训任务：长尾关键词拓展

2.5.1 任务描述：

A 企业已经完成核心关键词的选择，现在需要根据工作计划完成长尾关键词的拓展工作。长尾关键词是企业获得精准流量的重要来源，因此确定长尾关键词是企业网站优化工作的重要基础。在搜索引擎优化工作中，做好长尾关键词的拓展发掘是关键。

2.5.2 任务目标：

（1）掌握关键词拓展工具的使用方法。
（2）掌握相关搜索和下拉菜单的使用方法进行关键词拓展。
（3）通过关键词变体的组合完成长尾关键词的拓展。

2.5.3 任务思路：

（1）使用关键词拓展工具，如 Google AdWords Keyword Planner、

SEMrush、Ahrefs等，输入核心关键词进行关键词的拓展。根据工具提供的相关关键词和搜索量数据，挖掘潜在的长尾关键词。

（2）利用搜索引擎的相关搜索功能，输入核心关键词，观察搜索引擎返回的相关搜索结果，以获取与核心关键词相关的长尾关键词。

（3）利用搜索引擎的下拉菜单功能，输入核心关键词，观察搜索引擎下拉菜单中显示的相关关键词，作为长尾关键词的拓展来源。

（4）进行关键词变体的组合，将已选出的核心关键词与相关词汇进行组合，形成更具体、更精准的长尾关键词。可以考虑添加产品特征、地理位置、品牌名称等相关词汇进行组合。

2.5.4　任务演示：

第一步：市场上有很多关键词拓展工具可供选择。一些常用的工具包括Google关键词规划工具、UberSuggest、SEMrush等。这里以站长之家为例：

（1）打开站长之家（https：//tool. chinaz. com/），选择长尾词挖掘。如图2－12。

图2－12

（2）输入核心关键词，例如：计算机，就可以得到很多长尾词以及对应的全网搜索指数和热度。如图2－13。

图 2—13

第二步：除了一些关键词拓展工具之外，常见的搜索引擎也会提供一些长尾词，比如搜索下拉框、相关搜索等。如图 2—14、2—15。

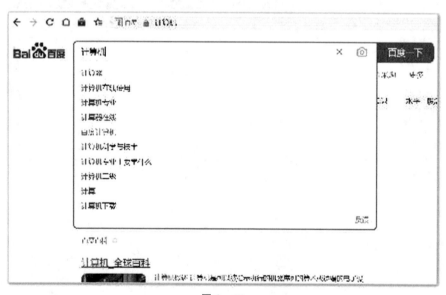

图 2—14

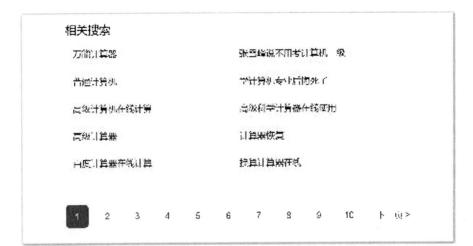

图 2—15

第三步：通常还可以使用关键词变体的组合来扩展关键词。所谓的关键词变体是指在主要关键词中添加、删除、替换或重排单词来形成新的关键词。

例如，主要关键词是"运动鞋"，变体可以是"舒适运动鞋"或"时尚运动鞋"等。首先我们需要创建关键词变体列表：列出与主要关键词相关的不同变体。考虑添加、删除或替换主要关键词中的单词，并注意语法和用词的多样性。以下是常见的变种方式：

· 添加限定词或描述性词汇：如最好的、好用的、便宜的、新款等。

· 添加位置信息：如地区、城市、国家名。

· 添加问句或动词：例如"如何选择运动鞋""运动鞋适合跑步吗"等。

· 使用同义词或近义词：例如将"运动鞋"替换成"跑步鞋""体育鞋"等。

· 逆向思维：考虑跟主要关键词相反或相对的词，例如"不适合跑步的运动鞋"等。

最后，还需要使用关键词工具验证和评估创建的长尾关键词。这些工具可以提供关键词的搜索量、竞争度和相关建议，帮助网站经营者确定哪些长尾关键词更有潜力。将不同的关键词变体进行组合，以形成更长、更具体的关键词短语。这样的长尾关键词更具体，通常竞争度较低，能够更好地吸引目标受众。

2.5.5 任务实施：

步骤一：长尾关键词拓展工具。

列举出三种关键词拓展工具，并简述重点功能和差异。

步骤二：长尾关键词列表。

类别1	类别2	类别3	类别4	类别5

2.5.6 任务评价：

日期	年　　月　　日	
评价内容	评价层次	
	是	否
是否能熟练使用关键词拓展工具		
是否能使用变体组合拓展关键词		
整体评价		
有益的经验和做法		
总结反馈建议		

2.5.7 任务拓展：

1. 列举出三种关键词拓展工具，并简述重点功能和差异。

2. 选择三个行业公司中的一个，完成比较重要且有商业价值的 25 个长尾关键词，并给出理由。

A. 干洗行业公司：

B. K12 教育行业公司：

C. 医疗美容行业公司：

2.6 思政小课堂

2.6.1 分享案例

白象以人为本引领社会责任之典范

·白象的"人本"理念。

在开拓市场的过程中，白象食品秉持"人本"理念，关注员工的个人发展和成长。首先，公司对员工进行了全方位的培训和教育，帮助他们了解公司的产品、技术和经营理念。同时，公司还为员工提供了良好的工作环境和福利待遇，包括提供食宿、给予一定的奖金和晋升机会等。

·白象的安全意识。

白象食品集团每年组织全体员工学习《食品安全知识》《幸福家庭建设》等课程，基层及中层 2000 多名员工还可以参加《营销训练营》《职业素养提升》《中高层领导力》等培训，由内而外激发全员对于食品安全的关注和坚守，将员工的食品安全意识与集团的食品安全理念拉齐到同一个水平线上。

·白象的社会责任担当。

白象多家公司残疾员工人数达到 1/3 或以上。白象坚持帮助残疾人就业，他们享受正常待遇，有五险一金！公司为残疾人员工提供了更加灵活的工作时间和地点，方便他们更好地适应自己的身体状况和生活环境。这也体现了一个民族企业的社会责任心，在白象工厂里面没有残疾人，只有自强人，他们自尊，自强，自立，自爱！

白象食品通过自身的公司发展理念和社会责任，让我们看到了公司"人本"理念的核心价值观不仅关注员工的个人发展和成长，还积极包容和接纳不同的员工群体。展现了白象食品坚持原则性，积极履行社会责任，关注弱势群体的招聘政策和实践行动，培养平等、公正的意识，努力推动提高公民素质和社会责任感。

2.6.2 案例讨论

请同学结合自己的理解，讲述你对原则性和以人为本的看法。

任务三：网站页面优化任务

3.1 任务情境：

企业完成网站建设后，首要任务是对网站页面进行标准化优化，以符合搜索引擎的规范要求。搜索引擎优化专员注重网站页面的简洁、美观和实用性，避免过多的 JavaScript 特效代码以及无法被搜索引擎识别的图片和视频，使网站能够清晰地被展示给搜索引擎。企业希望网站能够快速被搜索引擎收录，因此网站页面优化任务是第一步中最重要的任务。

3.2 知识准备：

3.2.1 网站页面三标签

（1）标题标签（Title）：用于展示网站的主要信息，让搜索引擎蜘蛛快速识别网站内容并抓取存储页面信息。标题标签使用"＜title＞网站的标题＜/title＞"格式表示。

（2）描述标签（Description）：用于补充和说明网站标题的内容，是展示长尾关键词密集的标签。优秀的描述信息能够提高网站的竞争力和点击率。描述标签使用"＜meta name＝'description'content＝'网站描述信息'/＞"格式表示。

（3）关键词标签（Keywords）：用于标记网站标题和描述的关键词。尽管现在许多搜索引擎不再重视关键词标签，但为了方便通过第三方工具查看关键词排名情况，可以添加关键词标签。关键词标签使用"＜meta name＝'keywords'content＝'网站关键词'/＞"格式表示。如图 3－1。

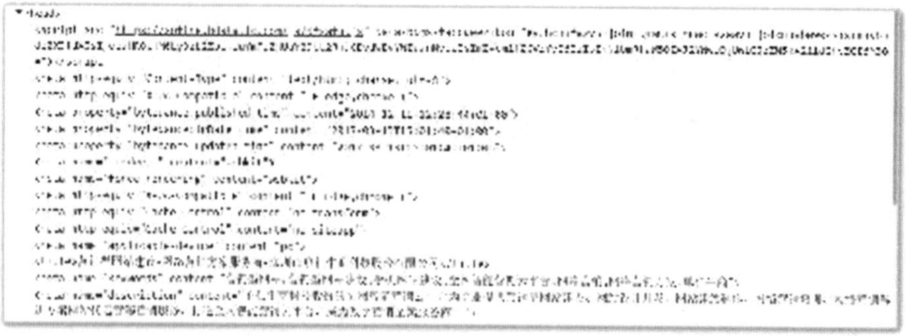

图 3—1

3.2.2 其他标签

(1) H 标签：H 标签（Heading）是 HTML 语言中用于对文本标题进行强调的标签。它分为六个级别（h1 到 h6），文字大小依次减小，用于呈现内容结构。h1 标签在一个页面中只能使用一次，表示页面的主标题，而 h2 到 h6 标签可以多次使用，表示段落的副标题或小节标题。建议保持每个页面只使用一次 h1 标签，并合理使用 h2 到 h6 标签，不过度使用以避免权重稀释。

(2) 锚链接（Anchor Links）：链接是指带有文本的超链接，也称为锚文本。锚文本在搜索引擎优化中起着重要作用，因为它提供了关于被链接页面内容的信息，同时其中出现的关键词也有助于提高链接目标页面的相关性以及发出链接页面的相关度。

一般来说，网站页面中增加的锚链接都应与页面本身的内容有一定的相关性。在行业网站中，可以增加一些同行网站或知名设计网站的链接，从而为访问者提供更多相关资源和增加网站的信息价值。

另一方面，锚文本可以作为对所指向页面内容的评估。通过精确描述所指向页面的内容，锚文本使得访问者能够了解链接目标的具体内容。例如，在个人网站中增加指向 Google 的链接，锚文本为"搜索引擎"，通过锚文本本身就能清楚地知道该链接指向的是一个搜索引擎。

3.2.3 页面用户体验（User Experience）

页面用户体验对于网站的访问效果、用户信任度、访问深度、跳出率以及访问时长都有重要的影响。只有当用户愿意访问和浏览网站页面时，网站才能真正具备价值。因此，优化用户体验是搜索引擎优化的重要任务之一。

近年来，百度、360 搜索和搜狗等搜索引擎不断推出相关算法，以提升页面用户体验，这也成为一种趋势。

用户体验是衡量网站质量的主要因素之一。为了提高用户体验，网站需要在多个方面满足用户需求，包括视觉体验、浏览体验和交互体验等。在网站建设过程中，设计风格、页面布局、按钮、导航和新开窗口等方面需要特别注意。在网站建设后期进行 SEO 优化时，以下几个方面可以帮助提高用户体验：

（1）简化导航：确保网站的导航简单直观，用户能够轻松找到所需的信息或功能。使用清晰的导航菜单和适当的标签，将页面分类整理好，避免混乱和复杂的结构。

（2）提供快速加载速度：优化网站的加载速度对于用户体验至关重要。使用压缩图片、合并和压缩 CSS 和 JavaScript 文件等方法来减少网页加载时间，确保用户能够快速打开页面。

（3）注重响应式设计：在当今移动设备普及的时代，确保您的网站能够在各种设备上获得良好的显示效果至关重要。采用响应式设计，使网站能够自动适应不同尺寸的屏幕，提供一致的用户体验。

（4）改善内容布局：合理布局网站内容，使其易于阅读和浏览。使用清晰的标题和段落、有序的列表和目录，帮助用户快速获取所需信息，并通过恰当的排版和颜色搭配提升可读性。

（5）提供搜索功能：在网站上提供搜索功能，让用户可以通过关键词搜索他们感兴趣的内容。确保搜索功能准确、快速，并提供相关的搜索结果和过滤选项，帮助用户快速找到需要的信息。

（6）增加互动性：通过添加评论区、用户评级、社交分享按钮等互动元素，让用户更多参与和互动。提供用户反馈渠道，了解用户需求和问题，并及时作出回应和改进。

（7）优化页面布局：设计页面布局时，注重信息的优先级和分组，以及页面元素的可视性和易用性。使用合适的字体和颜色，使页面看起来舒适、清晰，兼顾美观和功能。

（8）测试和优化：定期进行用户体验测试，通过用户反馈和数据分析来了解用户的需求和行为。根据这些反馈和数据，进行适当的优化和改进，持续提高用户体验。

总之，提高网站的用户体验需要关注导航、加载速度、响应式设计、内容布局、搜索功能、互动性，以及页面布局等多个方面。通过不断改进和优化，提供流畅、简便、有吸引力的用户体验，能够增加用户留存和满意度，提升网站的整体价值。

3.2.4 优化步骤

（1）分析网站页面：仔细分析网站的每个页面，确定需要进行优化的页面范围。检查页面的结构、内容和元素，识别是否存在过多的 JavaScript 特效代码、无法被搜索引擎识别的图片和视频等问题。

（2）优化标题标签：确保每个页面都有唯一、准确且吸引人的标题。使用标题标签（＜title＞）为每个页面添加适当的标题，包含与页面内容相关的关键词，并控制标题长度在 50～60 个字符之间。

（3）优化描述标签：为每个页面添加描述标签（＜meta name＝"description" content＝"网站描述信息"/＞）。编写简洁明了的描述信息，突出页面的主要内容和关键词，吸引用户点击。

（4）使用 H 标签：使用适当的 H 标签（h1 到 h6）对页面标题和副标题进行标记。确保每个页面只有一个 h1 标签，用于表示页面的主标题，而 h2 到 h6 标签可以根据需要使用多次。

（5）增加锚链接：在页面内容中增加适当的锚链接，链接到其他相关页面或资源。锚文本要描述清晰、准确，并与目标页面的内容相关。可以考虑添加一些同行网站或知名设计网站的链接，以增加网站的信息价值和用户体验。

（6）提升页面加载速度：优化服务器响应时间，确保网站能够快速加载。压缩和优化图像，使用适当的图像格式，减少图像文件占用的空间。使用浏览器缓存和 CDN 等技术手段，提高页面的加载速度。

（7）提升网站内容可读性：确保网站的内容与用户搜索的关键词相关，并能满足用户需求。发布高质量的文章和有吸引力的图片、视频等内容，增加用户的浏览兴趣和停留时间。

（8）避免过多的弹窗广告：减少或避免使用弹窗广告，以避免干扰用户的阅读。

3.3 实训任务：网站首页三标签标准化

3.3.1 任务描述：

A 企业完成了网站建设，现在准备在上线之前对网站内容进行调整和优化。其中最重要的一项任务是完成网站首页的三标签的规范化设置，以引导搜索引擎蜘蛛对网站的核心内容进行抓取，并明确展示企业的核心产品和价值理念。网页的三标签内容还将为网站的长期运营和流量来源方向提供大致的确定。

3.3.2 任务目标：

（1）根据规范要求设置网站的三标签（Title、Meta Description、Meta Keywords），以准确展示网站的核心理念和关键信息。

（2）确定标题标签的写作方式，并进行设置。标题标签应简明扼要地概括网页内容，吸引用户点击并引导搜索引擎理解页面主题。

（3）根据前期策划的相关信息，用两种简洁的语句完成描述的撰写设置。描述标签（Meta Description）应包含关键词并具有吸引力，概括页面内容，同时提供对用户有价值的信息。

3.3.3 任务思路：

（1）了解规范要求和最佳实践，确保网站的三标签设置符合搜索引擎的规范，并能够准确传达网站的核心理念和关键信息。

（2）确定标题标签的写作方式，考虑关键词的出现位置和权重，以吸引用户点击和搜索引擎的理解。根据网页内容和企业定位，撰写具有吸引力和准确性的标题标签。

（3）根据前期策划的相关信息，用两种简洁的语句完成描述的撰写设置。描述标签应突出网页的核心信息、关键词和价值主张，同时吸引用户点击。

3.3.4 任务演示：

第一步：标题（Title）标签的确定。

• 确定学院的主要关键词，例如"黄冈科技职业学院""软件工程学院"等。

• 添加一些吸引人的词语，如"培养科技人才""职业教育领导者"等。

• 结合这些关键词和词语，形成一个简洁明了的标题，例如"黄冈科技职业学院—软件工程学院"。

• 确保标题不超过 50～60 个字符，并能准确概括学院的主题。

第二步：描述（Description）标签的确定。

• 确定学院的主要特点、优势、学科领域等。

• 描述学院提供的学历教育、职业培训、实践机会等方面的内容。

· 使用简洁明了的语言，例如"软件工程学院是黄冈科技职业学院重点骨干学院，以国家计算机实训基地为平台、湖北省服务外包人才培养基地为后盾，'对口行业、高薪择业'，主要培养计算机技术、网络技术、软件开发、移动应用、融媒体运营、工业机器人智能技术等相关专业领域的高薪高技能人才"。

· 描述长度通常保持在 150～160 个字符。

第三步：关键词（Keywords）标签的确定。

· 确定与学院相关的关键词和短语。

· 例如："工业机器人专业""计算机应用专业""融媒体""实践机会""移动应用开发专业"等。

· 有组织地列出这些关键词，使用逗号或分号进行分隔，例如"黄冈科技职业学院，软件工程学院，黄科软件，计算机应用技术，计算机网络技术，移动应用开发，工业机器人，融媒体技术与运营专业"。

· 确保关键词与学院的实际内容和目标受众的需求相匹配。

请注意，以上步骤应仅作为参考，具体的标签内容需要根据学院的实际情况和优势来确定。同时，随着搜索引擎算法的发展，标签的重要性在搜索排名中逐渐下降，重要的是提供有用、有吸引力和有意义的网站内容。建议遵循搜索引擎的最佳实践，并专注于满足用户需求，提供高质量的在线体验。

3.3.5　任务实施

（1）确定 2～3 个会出现在标题标签里的关键词。

（2）通过关键词写出两种不同的标题标签。

关键词为主：

正常句型为主：

（3）根据之前的关键词策划和标题已经出现的关键词，写出标书语句，可以在居中出现5～6个核心关键词，通顺正常地融入描述语句中。

3.3.6　任务拓展

（1）简述你对网站三标签的重要性的理解。

（1）以任意一个企业网站为基础，写一写其三标签。

3.4　实训任务：内容页制作

3.4.1　任务描述：

A企业网站需要丰富其内容页，以提升网站的内容充实度。内容页的优化对于网站的收录起着关键作用，因此，内容页的制作是提高网站收录的重要因素之一。内容页的策划是本岗位从业人员必备的基本功，因为只有懂得如何制作内容页，才能了解应该如何做、如何长期规划网站内容以及如何按照规律发布网站内容。本任务的目标是学习如何发布一篇标准化的内容页。

3.4.2　任务目标：

（1）确定内容页的发布主题。

（2）确定并掌握适合内容页的长尾关键词选择。

（3）进行内容页的三标签规范化操作。

（4）掌握内容页中锚链接的设置方法。

（5）注意内容页制作中需要特别关注的内容要点。

3.4.3　任务思路：

（1）使用合适的标题和副标题来组织内容，使其具有清晰的结构和层次感，方便读者浏览和理解。

（2）编写引人注目的开头段落，吸引读者的注意力并概括文章的主题和要点，让读者对继续阅读产生兴趣。

（3）在内容页中插入相关的图片、图表或视频，以丰富内容、提供可视化的信息和增强用户体验。

（4）使用简洁明了的语言表达，避免使用过于专业化或难以理解的术语，使内容易于理解和消化。

（5）通过段落间的过渡句子或关联词语，确保内容的连贯性和流畅性，使读者能够顺利阅读并理解整篇内容。

（6）结合目标用户的需求和期望，提供实用、有用的信息和解决方案，帮助读者解决问题或满足其需求。

（7）确保内容的准确性和可靠性，引用权威的来源或数据，避免传播错误的信息或误导读者。

（8）在内容页中添加适当的内部链接，将相关的信息和页面进行连接，方便读者获取更多相关内容，并增加网站内部链接结构。

（9）进行关键词的合理分布和使用，将长尾关键词自然地融入内容中，避免过度堆砌关键词，以保持内容的质量和可读性。

（10）定期审核和更新内容，确保内容的时效性和新鲜度，删除过时的信息或调整不适合的内容，保持网站内容的更新和优化。

（11）进行内容的排版和格式化，使用合适的字体、字号、颜色和段落间距，提高内容的可读性和视觉吸引力。

（12）在内容页的末尾提供相关推荐或导航，引导读者进一步浏览其他相关内容或页面，增加网站的页面浏览量。

（13）定期分析内容页的数据和指标，了解内容的受欢迎程度和效果，根据数据结果进行调整和优化。

（14）关注搜索引擎的最新算法和规则变化，确保内容页符合搜索引擎的优化要求，提高网站的收录和排名。

（15）持续学习和积累经验，不断提升内容制作能力和策略规划，适应网络环境的变化和用户需求的演变。

3.4.4 任务演示：

第一步：确定内容页主题和目标。假设要制作一个介绍学院计算机应用专业的内容页。

第二步：进行内容研究和收集。收集学院计算机应用专业的详细信息，包括课程设置、教学资源、就业情况、专业特色和学科优势等情况。

第三步：规划内容结构。设计内容页的结构，一般可采用标题、段落和列表的方式进行组织。

第四步：制定内容页的提纲。如图3-2。

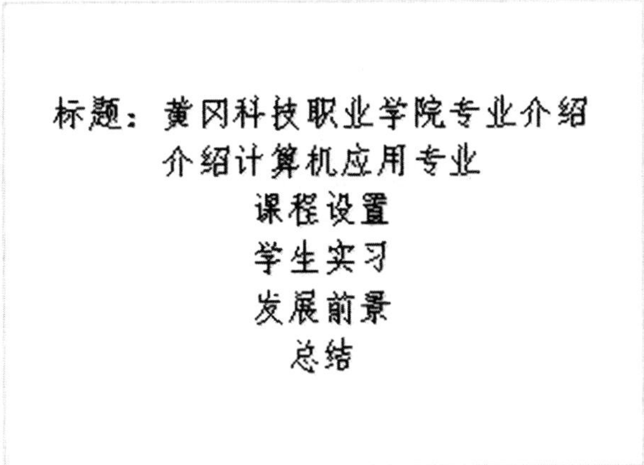

标题：黄冈科技职业学院专业介绍
介绍计算机应用专业
课程设置
学生实习
发展前景
总结

图3-2

第五步：编写高质量的内容。

·编写计算机应用专业介绍：

·介绍计算机应用专业的课程设置、教学资源和实验设施。

·强调学院提供的学生实习和就业指导服务。

·提及计算机应用专业在科技行业的职业发展前景和就业机会。

如图3-3。

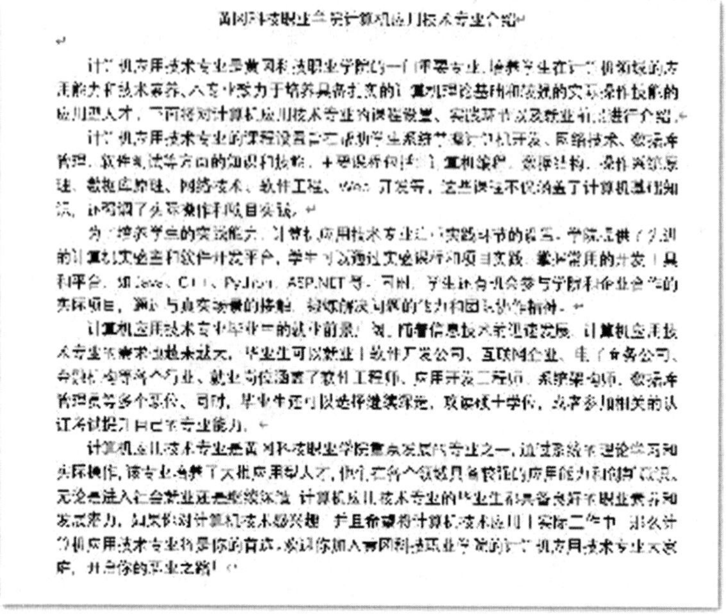

黄冈科技职业学院计算机应用技术专业介绍

计算机应用技术专业是黄冈科技职业学院的一门重要专业，培养学生在计算机领域的专业能力和技术素养。本专业致力于培养具备扎实的计算机理论基础和娴熟的实际操作技能的应用型人才。下面将对计算机应用技术专业的课程设置、实践环节以及就业前景进行介绍。

计算机应用技术专业的课程设置旨在使学生系统地掌握计算机开发、网络技术、数据库管理、软件测试等方面的知识和技能。主要课程包括计算机组成、数据结构、操作系统原理、数据库原理、网络技术、软件工程、Web 开发等。这些课程不仅涵盖了计算机基础知识，还强调了实际操作和项目实践。

为了培养学生的实践能力，计算机应用技术专业注重实践环节的设置。学院提供了先进的计算机实验室和软件开发平台，学生可以通过实验课程和项目实践，掌握常用的开发工具和平台，如 Java、C++、Python、ASP.NET 等。同时，学生还有机会参与学院和企业合作的实际项目，锻炼与真实场景的接触，培养解决问题的能力和团队协作精神。

计算机应用技术专业毕业生的就业前景广阔。随着信息技术的迅速发展，计算机应用技术专业人才的需求也越来越大。毕业生可以就业于软件开发公司、互联网企业、电子商务公司、金融机构等各个行业，就业岗位涵盖了软件工程师、应用开发工程师、系统架构师、数据库管理员等多个职位。同时，毕业生还可以选择继续深造，攻读硕士学位，或者参加相关的认证考试提升自己的专业能力。

计算机应用技术专业是黄冈科技职业学院重点发展的专业之一。通过系统的理论学习和实际操作，该专业培养了大批应用型人才，他们在各个领域具备较强的应用能力和创新意识。无论是进入社会就业还是继续深造，计算机应用技术专业的毕业生都具备良好的职业素养和发展潜力。如果你对计算机技术感兴趣，并且希望将计算机技术应用于实际工作中，那么计算机应用技术专业将是你的首选。欢迎你加入黄冈科技职业学院的计算机应用技术专业大家庭，开启你的职业之路！

图 3—3

第六步：插入视觉元素。

·插入相关的图片，例如实验室照片、学生作品展示等。

·使用图表或图形来展示专业师资力量、就业率等数据。

·确保所使用的图片和视觉元素与专业内容相关且高质量。

第六步：使用合适的排版和格式化。

·使用适当的标题和字体样式，使关键信息醒目易读。

·使用段落和列表来组织信息，使内容易于阅读和理解。

·强调重要的关键词或短语，例如使用粗体或斜体。

第七步：添加内部和外部链接。

·在专业介绍中添加内部链接，引导读者了解更多关于每个专业的详细信息。

·添加外部链接，指向相关企业、成功案例或行业报告，提供更深入的参考资料。

第八步：进行校对和编辑。

·仔细检查内容页，纠正拼写、语法和格式错误。

·确保专业介绍的语言准确、流畅，没有多余或模糊的信息。

第九步：页面设计和布局。

· 设计内容页的外观，选择合适的颜色、字体和布局方式。

· 确保内容的可读性和页面的整体美观。

第十步：最后测试和发布。

· 在发布内容之前，测试页面内的链接、图片和格式是否正常呈现。

· 预览内容页，确保页面的展示效果符合预期。

· 将内容页发布到学院的网站或相关平台上，确保它能被访问到。

以上步骤仅提供了制作内容页的基本指导和步骤。在制作内容页时，还需要考虑用户体验和 SEO 优化，这可以帮助网页获得更多的可见性和流量。实际制作内容页时可以根据学院的需求和实际情况进行调整和扩展。重要的是提供有用、准确和引人入胜的内容，以满足读者的需求和期望。

3.4.5　任务实施

（1）根据需求写一篇内容页主题（新闻，交流，技术，产品）。

（2）提炼包含长尾关键词的标题标签。

（3）完成 200～300 字左右的主题页面内容。

（4）根据网站核心内容和本文章长尾关键词设置 2～3 个关键词锚链接于文章之中。

（5）控制标题字数和文章前 70 字，需要能展示重要价值内容。

3.4.6 任务评价：

日期	年　月　日	
评价内容	评价层次	
	是	否
三标签标准化		
页面内容策划能力		
关键词整合能力		
整体评价		
有益的经验和做法		
总结反馈建议		

3.5 思政小课堂

3.5.1 分享案例

华为 Mate 60：创新与卓越，打造通信技术新标杆

· 自主创新、追求卓越。

华为一直秉持着自主创新、追求卓越的理念。他们在面对挑战和竞争时，不惧困难，始终坚持创新和质量管理。通过自主研发和技术突破，华为Mate 60 所搭载的麒麟9000S 芯片，是华为坚持自主创新、追求卓越的成果。其先进制程工艺的芯片，性能和能耗达到了完美的平衡。这充分证明了只有通过自主创新，不断提高自身实力，才能在激烈的市场竞争中立于不败之地。

华为 Mate 60 运行的鸿蒙 4.0 操作系统，是华为向全世界展示中国高科技实力的有力证明。鸿蒙系统不仅是一种先进的操作系统，更是一种面向全场景的分布式操作系统，实现设备间无缝协同。这充分体现了华为的技术实力和前瞻性视角。

· 打铁还需自身硬。

打铁还需自身硬是一种坚定的信念和追求。作为一家通信技术公司，华为深知只有自身硬才能打出更强的铁。他们注重技术研发和人才培养，形成了全球最顶尖的技术团队。通过不断的技术创新和质量改进，华为成功打造出了一款款性能卓越的通信设备，为全球用户提供了优质的通信体验。华为Mate60 卫星通话技术的出现，对于应急救援、野外探险等场景具有重要意义。例如，在地震、洪水等灾害发生后，通信网络可能会受到严重破坏，而卫星通话功能可以帮助救援队伍、受灾群众等保持通信联系。

华为的成功源于他们自主创新、追求卓越的理念和打铁还需自身硬的思政元素。他们不断加大研发和创新投入，坚定推进自主研发和核心技术突破，以实现企业的可持续发展。这种精神不仅为华为带来了卓越的产品和解决方案，也为我们提供了宝贵的经验和启示。

3.5.2 案例讨论

请同学结合当前自身情况，讲述你未来自身发展的规划与愿望。

任务四：网站关键词布局

4.1　任务情境

在关键词策划的基础上，需要进行关键词布局任务。由于无法将所有核心关键词和长尾关键词都放在首页，我们需要按照"金字塔结构"合理分组和记录成表，同时完成关键词对应的 URL 表。通过金字塔结构，将核心关键词放在顶部突出展示，将长尾关键词分散在各个子页面中提供更具体的内容。同时，根据关键词的相关性进行分组，以组织网站内容并提供个性化展示。而创建关键词对应的 URL 表有助于搜索引擎索引和排名，以及日常关键词排名监控，最终的目的是提高用户的访问体验和转化率。通过合理的关键词布局以及 URL 表进行跟踪，企业网站能够展示核心业务，提高搜索可见性，吸引目标流量。

4.2　知识准备

4.2.1　关键词布局

关键词布局在 SEO 优化中扮演着重要的角色。它指的是将策划好的关键词合理分配到网站的不同页面上。通常情况下，最核心的关键词应放置在首页，次核心的关键词应放置在栏目页，而长尾词则应放置在单独的文章页面中。这样的布局方式有多重好处，如图 4—1。

首先，能够有效地被搜索引擎抓取，搜索引擎通过分析网页上的关键词来理解网页的主题和内容，从而为用户提供相关的搜索结果。那么将最核心的关键词放置在首页，搜索引擎能够迅速识别出网站的主要领域或服务。次核心的关键词放置在栏目页，则进一步明确了网站的细分领域或分类。而长尾词放置在单独的文章页面中，则能够更具体地涵盖特定的话题或问题。这样的布局能够让搜索引擎清楚地了解网站的关键词重要性和相关性。如图 4—1。

图 4—1

其次，良好的关键词布局有助于网站的排名和流量。一旦网站在搜索引擎中获得了较好的排名，用户点击进入网站的流量也会相应增加。通过将最核心的关键词布局在首页，可以吸引更多用户点击进入网站，并提高流量的相关性和转化率。这对于网站的分析和流量咨询转化非常有利。

最后，关键词布局应适配不同网站需求，根据具体状况决定。每个网站的关键词布局需求不同，需考虑网站特点、目标受众和竞争环境等因素。关键词布局结构应与整体架构相符，具有逻辑合理、层次分明的特点。合理的关键词布局能使网站更符合搜索引擎规则，提高搜索可见性和用户体验，从而获得更好的 SEO 效果。

4.2.2 关键词分组类型：

核心关键词是网站最核心的 4～6 个关键词，通常具有较高的百度指数和大量的需求量，并且与网站主题相关。这些关键词是网站优化的重点，对于网站的排名和流量贡献最大。

次级关键词是相对核心关键词，是核心关键词的延伸，一般来说百度指数稍低一些，其优化难度略低，并且数量通常在 6～10 个之间。通过优化这些次级关键词，可以进一步扩大网站的关键词覆盖面和流量来源。

长尾关键词是次级关键词的拓展版，其词量更多，通常采用更具体的词组或短语形式。相对于核心关键词和次级关键词，长尾关键词的优化难度更低。这些关键词可以覆盖更多细分领域和具体需求，为网站带来更多针对性的流量。

综上所述，核心关键词、次级关键词和长尾关键词在网站优化中扮演不同的角色。核心关键词是重点关注的关键词，次级关键词是对核心关键词的拓展，而长尾关键词则提供了更具体和细分的搜索需求。合理布局和优化这些关键词可以帮助网站提升在搜索引擎中的曝光度和流量来源。

4.2.3 关键词金字塔结构

关键词金字塔结构是一种按照逻辑顺序和重要性分层排列的关键词布局方式。它的特点包括结论先行、上下对应、分类清楚和逻辑递进。下面对这些特点进行详细说明。

结论先行：金字塔结构要求在展示内容时，先强调最核心的结论或目标。因此在设计网站项目中，都应先明确核心目标或未来即将取得的成果。其他栏目或页面的内容都应该围绕这个核心目标展开。如图4－2。

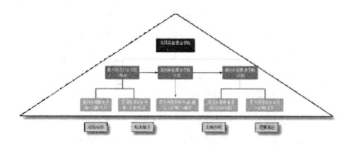

图 4－2

以上统下：金字塔结构要求下一层级的内容与上一层级的内容有相关性和衍生性。每个层级的目标或观点都是前一层级的扩展。例如，如果网站的核心关键词是"黄冈科技职业学院"，那么下一层级的关键词可以是"黄冈科技职业学院＋专业"，这个关键词是对核心关键词的进一步展开。

·归类分组：金字塔结构要求将具有相同类型或类别的关键词放置在同一层级的金字塔结构中。例如，"黄冈科技职业学院王牌专业"和"黄冈科技职业学院专业推荐"这两个关键词可以放置在同一个分组中，它们属于同一主题的关键词。

·逻辑递进：金字塔结构要求关键词的排列应具有逻辑顺序。将用户需求量最大的关键词放置在金字塔结构的顶端，下一层级则是对这个关键词进行更具体的展开，包括需求量较小的关键词。这样的排列能够满足用户从整体到具体的需求，并提供逐步细化的内容。满足不同的用户搜索需求，以此为网站带来更多的相关流量。

通过使用关键词金字塔结构，可以使网站或内容的布局更加合理和有序，让用户和搜索引擎都能够更好地理解网站的结构和关键信息。这有助于提高网站的搜索可见性、用户体验和转化率，从而提供SEO效果。

4.2.4 SEO中关键词金字塔结构

在网站关键词布局中，金字塔结构是一种有效的组织方式，能够清晰地展现网站的层次结构，使搜索引擎更容易理解和抓取网站的核心内容。这种策略不仅能够提升网站的可见性和曝光率，同时还能为网站带来更多的流量和潜在客户，从而促进网站的发展和壮大。以下是关键词布局中金字塔结构的主要要点：

（1）首页关键词。

将关键词从金字塔的顶部开始布局，首先考虑的是首页关键词。首页是整个网站中权重最高的页面，应选择4~6个概括网站内容的关键词。这些关键词应具有较大的搜索量，避免选择没有流量的关键词。另外首页关键词除了在网站三标签中出现，也可以在首页以下位置出现：

· logo以及网站各图片ALT标签中出现。

· 网站导航上布局关键词，一级导航和二级导航都可以布局。

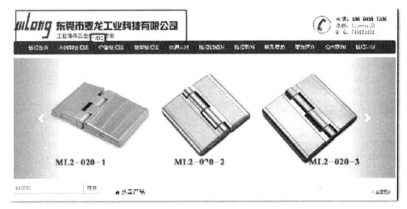

图4-3

如图4-3、图4-4，网站的logo和图片ALT标签上，布局了搭扣这个核心关键词，另外网站的导航栏上同样布局了与搭扣相关的核心关键词，一般来说如果有多张图片，尽量布局多个核心关键词。

· 首页各版块的标题布局关键词。

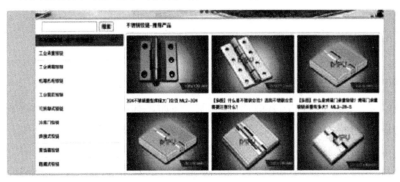

图4-4

如图4-5,产品分类这个版块布局不锈钢铰链这个核心关键词。

•首页的文本块上。

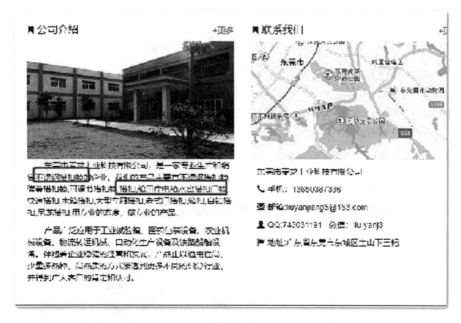

图4-5

如图4-6,在公司介绍这段文字中,布局"不锈钢塔扣索"等核心关键词。

•网站页脚。

图4-6

如图4-7,在网站页脚中布局核心关键词。

(2)栏目页关键词:

栏目页关键词是首页关键词的补充,权重也很高。一般选择2~3个栏目关键词,作为首页核心关键词的扩展。例如,如果核心关键词是"新疆旅游",那么栏目关键词可以是"乌鲁木齐旅游",它们是核心关键词的延伸。

(3)内页关键词:

内页关键词通常是长尾关键词,数量不定。选择竞争较小的关键词作为内页关键词。此外,还可以考虑将品牌和产品名结合形成的品牌类关键词放置在首页或内页上。内容关键词大多数布局在网站的新闻、咨询、问答、企业活动等资讯文章的标题和正文中体现。另外，选取的关键词尽可能是用户本身搜索的关键词，符合网民搜索习惯。

图 4-7

当然，如图 4-7，如果网站后台能单独设置文章标题和 SEO 标题是最好的，搜索结果页面显示的就是 SEO 标题。如果网站的产品比较多，那么网站产品的标题和属性当中，也可以布局网站关键词。

（4）关键词分组：

在关键词策划拓展完成后，将关键词进行逻辑性分组，每个分组对应一个分类。例如，在学历教育培训行业中，可以以"学历提升"为核心关键词，然后以高中学历提升、大专学历提升、本科学历提升、研究生学历提升等作为一级分类关键词，将它们放置在首页。

在一级分类下可以放置二级分类，如研究生学历提升分类下可以放置全日制研究生学历提升、非全日制研究生学历提升等二级分类关键词。同样，对于非全日制研究生学历提升这一二级分类，可以在其下面放置类似"全日制研究生学历提升""提升研究生学历的途径"等长尾关键词，放在文章页面的标题和内容中。

通过以上关键词布局，网站形成了一个具有逻辑结构的关键词体系，使用户浏览更方便，搜索引擎也更好地理解网站关键词的布局结构，提高抓取效率。

在关键词布局过程中，需要注意以下几个问题：

·每个页面的关键词数量最好控制在 2～3 个，这样有助于撰写有重点的内容，使主题更加突出。

·避免一个关键词在多个页面上进行优化，这会导致关键词的内部竞争，同时分散内部链接的权重和锚文本的效果。搜索引擎会选择权重最高、与搜索关键词最相关的页面排在前面。

·关键词布局决定了内容策划的方向。内容策划需要围绕关键词布局展开，确定哪个页面优化什么关键词，哪个栏目优化哪类关键词。关键词策划越详细，内容策划越全面。撰写的内容可以不断扩展，写出更多与关键词相关的内容。内容越丰富，被搜索引擎收录的页面就可能越多，相关关键词的排名就可能越高。

·一旦确定了关键词，要避免频繁变更，但是可进行补充和完善工作，增加收录页面和相关关键词的排名。

4.2.5 关键词 URL 对应词库

关键词 URL 对应词库是一个用于维护网站工作的工具，用于明确每个 URL 对应的核心词或者长尾关键词。它有助于确定每个页面应该针对哪些关键词进行内容优化，并确保我们覆盖了所有有效的核心词或者长尾关键词。通过建立这样的词库，可以有效地统计工作数据和细节。

在关键词 URL 对应词库中，需要填入以下信息：关键词是什么，它的百度指数是多少，需要优化的链接是哪个，目前是否有排名，以及通过百度统计查询进入该链接的流量是多少。如图 4－8，这样的记录可以帮助网站运营者跟踪每个关键词的排名和流量情况。

A	B	C	D	E
关键词	百度指数	优化链接	排名	流量多少

图 4－8

需要注意的是，对于那些尚未安装百度统计的网站，可以使用其他工具来查询流量数据。这些统计工具将在后面的统计分析章节中介绍。在建立关键词 URL 对应词库时，应该先了解如何通过合适的工具来查询数据。

关键词 URL 对应词库有助于明确每个页面的优化目标，并跟踪关键词排名和流量数据。通过有效维护和利用这个词库，可以更好地管理网站优化工作并取得更好的结果。

4.3 实训任务：关键词金字塔分布策划

4.3.1 任务描述：

A 企业已完成网站的页面优化和关键词策划，现在需要根据金字塔布局原则，将关键词合理分布到网站的各个层级中，形成重点突出、难度分层的关键词布局。任务要求明确核心关键词、次级关键词和长尾关键词的具体内容，并为后续的持续优化工作提供方向和思路。

4.3.2 任务目标：

（1）熟悉关键词的分类方法，通过数据分析确定不同层级的关键词，明确核心关键词，次级关键词和长尾关键词。

（2）策划网站的核心关键词，并建立各层级关键词的统计记录表。

4.3.3 任务思路：

（1）数据分析和关键词分类：

· 通过市场调研和社交媒体等方式，收集相关行业的关键词数据。使用关键词工具（如百度指数、Google Keyword Planner 等）分析关键词的搜索量和竞争程度。

· 根据数据分析结果，将关键词划分为核心关键词、次级关键词和长尾关键词。

· 根据关键词的竞争程度和搜索量，将它们分配到不同的层级中，以形成金字塔布局。

（2）网站核心关键词的策划：

根据业务需求和目标受众，确定网站的核心关键词，这些关键词应具有较高的搜索量和较高的竞争度。选择与之相关的次级关键词和长尾关键词，以扩展关键词覆盖范围。确定每个关键词的优先级和重要性，以便在网站的各个层级中合理分布。

（3）建立关键词统计记录表：

创建一个关键词统计记录表，列出核心关键词、次级关键词和长尾关键词的具体内容。对每个关键词进行详细描述，包括搜索量、竞争程度和相关度等信息。记录关键词的当前排名情况，如果还未开始优化，可以留空或标记为待排名。针对每个关键词，记录网站上对应的页面链接，以便后续优化工作的参考和追踪。

通过以上步骤，可以实现关键词的金字塔布局，将关键词分布到网站的不同层级中，形成重点突出、难度分层的关键词布局。这将为后续的持续优化工作提供明确的方向和思路，并有助于提高网站在搜索引擎中的排名和流量。

4.3.4　任务演示：

第一步：市场调研。

通过问卷调查及社交媒体等方式进行市场调研，收集用户在搜索引擎上搜索"黄冈科技职业学院"用到的搜索关键词，而问卷调查工具可以使用问卷星：www. wjx. cn通过，如图4－9。

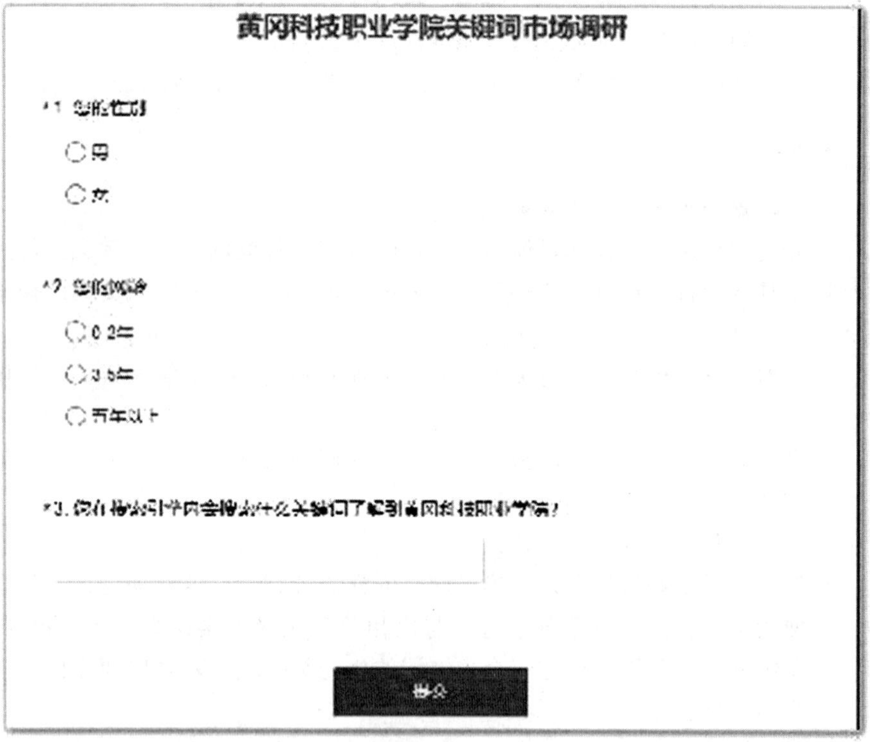

图4－9

第二步：收集数据。

将做好的问卷，直接转发到班级群、学院群进行问卷调研，收集相关数据，也可以通过搜索引擎的提示收集相关数据，如图4－10搜索引擎下拉框，在百度搜索"黄冈科技职业学院"，就会显示提示下拉框：

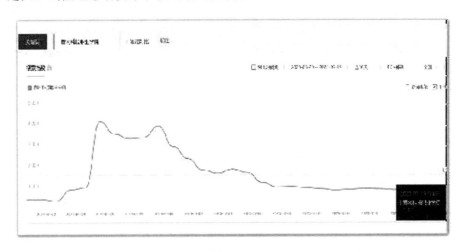

图 4-10

第三步：通过关键词工具，佐证搜索量和竞争程度。

登录百度指数：index. baidu. com，输入通过市场问卷收集到的关键词，如图 4-11 黄冈科技职业学院，就可以得到关键词搜索指数，通常来说，关键词的百度指数越高，其商业价值也越高，在搜索引擎中的搜索量就越大，当然也意着竞争程度也相对更高。

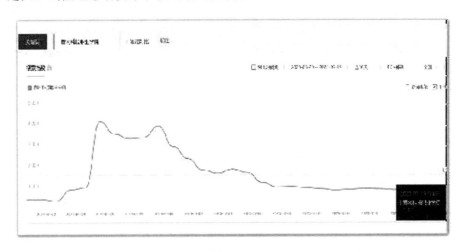

图 4-11

第四步：确定关键词并对关键词进行分类。

根据分析结果，结合学院（公司）整体业务发展，确定核心关键词、次级关键词和长尾关键词。

第五步：制作关键词金字塔结构图。

确定关键词后，制作金字塔结构图，如图 4－12。

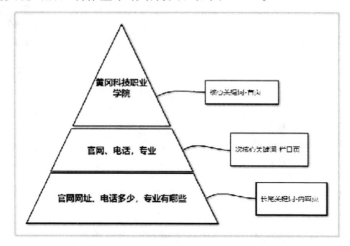

图 4－12

第六步：制作关键词统计记录表

填写好核心关键词，次核心关键词，利用百度指数，查询关键词指数，以及对应的网站链接，如果已经产生了排名，直接记录排名，以及利用百度统计，查询流量数量。如图 4－13。

关键词	百度指数	优化链接	排名	流量多少

图 4－13

4.3.5 任务实施：

1. 关键词分类。

2. 制作关键词金字塔结构图，做好关键词统计记录表。

4.3.6 自我评价：

日 期		年　　月　　日		
评价内容	评价层次			
	了解	熟悉	掌握	精通
关键词布局能力				
有益的经验和做法				
总结反馈建议				

4.4 思政小课堂

4.4.1 分享案例

百度搜索事业部：主次分明，分工明确的团队协作之道

百度搜索事业部的主次分明、分工明确的团队协作方式是其成功开发和维护百度营销推广的核心产品的关键因素之一。

工程师们在团队中负责搜索引擎的技术研发，他们的工作包括算法优化、系统架构设计、安全性提升等多个方面。每个人在自己的领域中都有特定的职责，例如有的工程师负责研究新型搜索算法，以提高搜索引擎的准确性和效率，有的工程师则负责构建和优化搜索系统的架构，使其能够应对日益增长的搜索量，还有工程师负责研究和应对各种安全威胁，保障用户的隐私和安全。

产品经理们则在团队中负责将搜索引擎的技术成果转化为用户友好的产品。他们的工作包括产品设计、用户体验优化、市场推广等。根据市场需求和用户反馈，制定产品的发展战略，同时与工程师们紧密合作，将产品需求转化为实际的产品。此外，他们还需要与市场团队紧密配合，将产品推广给更多的用户。

在工作中，团队成员会互相协作、互相支持，确保每个环节都能顺利运

行。这种分工明确的团队协作精神是百度搜索事业部能够取得成功的关键因素之一。

这种团队协作精神的重要性体现在以下几个方面：

首先，分工明确可以提高团队成员的工作效率。每个人都承担自己擅长的领域，从而可以更加熟练地掌握自己的技能，提高工作效率。

其次，分工明确可以促进团队成员之间的信任和合作。当团队成员明确了各自的任务和职责后，他们可以更好地相互配合，形成默契的合作关系。这种信任和合作有助于团队更好地应对各种挑战和任务。

总之，主次分明、分工明确的团队协作精神对于一个组织的成功至关重要。在百度公司的故事中，可以看到这种团队协作精神在搜索引擎的开发和维护过程中发挥了关键作用。这种精神有助于提高效率，促进信任与合作，实现整体目标，以及激发团队成员的创造力和潜能。因此，无论是在企业还是学校等组织中，我们都应该注重培养和发扬这种团队协作精神，以应对日益复杂多变的挑战和任务。

4.4.2　案例讨论

请同学思考讲述你对主次分明、分工明确、团队协作的理解和实践。

任务五：网站内容建设任务

5.1 任务情境

随着 A 企业关键词策划布局的完成，网络部需要依据关键词来制定网站文章内容计划，并按照关键词分组表和金字塔结构的要求进行工作安排。同时，他们将根据企业的季节性需求和当前宣传工作的重点来确定网站内容建设的方向。网站内容必须与企业的产品和服务相关，并具备搜索价值，包括关键词的匹配度、优化外链、数量和质量等方面的考虑。

5.2 知识准备

5.2.1 网站收录

对于任何企业而言，要想获得网站流量，就必须确保网站的收录量。收录量是指搜索引擎蜘蛛抓取并保存在其数据库中的网页数量。一般来说，收录的页面越多，网站被搜索到并被点击的概率就越大。影响网站收录量的因素很多，包括网站搭建速度、备案情况、外链质量和数量、网站结构以及网站内容等。在 SEO 行业中，有句流行的话："内容为王，链接为后"。很多 SEO 从业者认为，外部链接可以更快地提升网站的排名效果。

然而，随着自媒体的兴起和百度算法的更新，内容的质量和数量逐渐获得更高的权重。因此，网站内容的质量和数量不仅影响网站的收录情况，也影响吸引潜在需求对象访问网站的效果。

5.2.2 如何提高网站收录

内容建设的角度，主要包含 3 个方面：内容的数量，内容的质量，内容的相关性。

一个网站想要尽快被收录，更新文章的数量并不是唯一的决定因素，但保持一定的更新频率可以有利于搜索引擎的抓取和更新。具体的更新数量因网站类型、规模和目标受众而异，需要根据实际情况进行判断。

一般来说，对于新闻类、博客类、行业资讯等网站，每天更新几篇高质量的文章是比较合适的，这有利于保持网站的内容新鲜度和吸引力，吸引更多的访问者和搜索引擎的抓取。对于小型企业网站或者行业网站，每周更新几次也是可以的，但要注意保证文章的质量和价值。而内容质量，将在原创内容和周期性这个小章节进行说明。

网站内容的相关性是指网站上的内容和用户搜索查询词之间的匹配程度。如果网站的内容和用户搜索的关键词相关联，那么网站就会被搜索引擎认为是有价值的，那么收录量和收录率也会相应地提高，从而获得更好的排名和流量。

想要提高相关性，不仅需要合理使用标题和描述，还需要更多的页面链接到首页，并且在文章内容中增加内链，当然也可以增加相关推荐版块，使原本没有被收录的内容被引擎蜘蛛发现，提升网站收录量。

5.2.3　原创内容和周期性

根据搜索引擎的基本规则，搜索蜘蛛在抓取网页内容时，会优先选择高质量的原创内容。网站的页面内容不能抄袭其他网站，因为搜索引擎数据库具备数据对比功能，对于重复数据会采取降权和禁止爬行的策略，不再对该网站进行收录。

原创内容也是展示企业文化和实力的重要内容。优质的原创文章能够反映企业的策划能力，向客户提供更有价值的企业信息，提高网站用户的友好度。同时，高原创度的内容页面也能获得搜索引擎的高权重赋值，积累整体网站权重。大量优质的原创内容是搜索引擎判断网站优劣的重要指标之一。

对于搜索引擎来说，一个网站是否能持续周期性地提供高质量的原创内容，是判定该网站是否得到维护，以及网站本身是否受到重视的重要参考依据。持续、周期性且有规律的网站内容策划是搜索引擎喜欢且认可的做法，也可以促使搜索蜘蛛定期抓取网站内容，稳步提高收录量。原创且有规律更新的网站内容不仅提高网站的可读性和友好度，还可能提升搜索引擎对网站的认可度，并赋予网站更高的权重。

在网站内容建设中，原创文章是提升网站质量、增加网站收录量和提高搜索引擎排名的重要因素。以下是从几个方面获取网站原创文章的建议：

公司内部活动：利用公司内部的聚会、团建和年终总结等活动，发布原创文章，展示公司的长期运营和可靠性，并与关键词建立关联，以增加网站的收录量和积累关键词权重。

公司新闻和研发新产品：及时更新公司的新闻动态、研发产品信息以及与客户合作的订单等，提高访问者对网站的信任度。同时，作为优化特定关键词的文章素材，要确保网站内容的持续更新。

行业文章的二次原创撰写：在行业文章的基础上，进行二次撰写的原创文章，避免直接抄袭竞争对手的文章，通过查询和参考行业新闻，进行原创撰写，确保原创度高于70%以上，以满足发布到网站的要求。

产品发布：产品的介绍由公司自己撰写文字和提供图片，注意插入的图片应是公司自己的原创作品，避免侵权问题。产品发布的频率可以根据公司计划进行，可能无法每周或每月都发布。

公司营销活动：将公司的营销活动作为原创文章发布，增加网站的收录量，并让客户了解公司的优惠活动，提高订单成交率。

通过以上这些途径获取原创文章的素材，并根据实际情况和公司计划进行内容更新，以满足网站的内容建设需求。这样的做法不仅可以增加网站的收录量，还能提高搜索引擎的排名和访问者对网站的信任度。

5.2.4 长期策略和短期策略

在企业网站内容策划中，短期策略和长期策略具有不同的目标和时间范畴。

短期策略的主要目的是为了满足企业当前季度的工作任务，以达到短期的宣传展示目标。因此，在制定短期策略时，需要依据企业当前季度的工作任务来制定关键词和内容策略，同时制定相应的月度工作计划。短期策略的核心是在有限的时间内，通过针对性的内容和关键词优化，快速吸引流量和咨询，并促成订单的产生。

短期策略在制定时，需要考虑在短期3个月内，能否将某个关键词优化到首页。比如武汉装修公司，这个关键词竞争较大，对于一个新网站，3个月短期策略想要优化到首页是有一定难度，但是如果优化的关键词换成武汉KTV装修公司，结果可能就大不相同。

长期策略的目标则是根据企业的长期发展目标和远景规划，构建一个长期的内容体系。长期策略不受短期目标的影响，是企业网站运营的核心。其目标是建立一个稳定持续的内容更新计划，以提高网站的可阅读性、增加搜索引擎的认可度，并积累整体网站权重。长期策略注重在较长的时间范围内，通过持续优化和更新内容，增加网站的可信度和影响力，从而实现持续的流量和咨询。

短期策略的内容更新频率取决于企业的实际业务经营情况和 SEO 优化目标。具体更新频率可以根据公司需求来制定，以满足短期目标和要求。

长期策略的内容更新频率同样是根据实际情况而定，周期更长一些，但需要保持一定的持续性和规律性，以确保网站内容的新鲜度和可信度。

此外，在制定长期策略时，内容质量的标准也是需要考虑的重要因素。确定内容质量的标准有助于确保网站内容的高水平，提升用户体验和搜索引擎对网站的认可度。长期策略应当遵循这一内容质量标准，以确保持续优化和提升网站的品质。

5.2.5 文章内容编辑标准

（1）四处一词。

四处一词的意思就是文章的四个地方尽量出现关键词。

标题出现关键词、关键词标签出现关键词、文章正文出现关键词、锚文本链接中的关键词，如图 5—1。

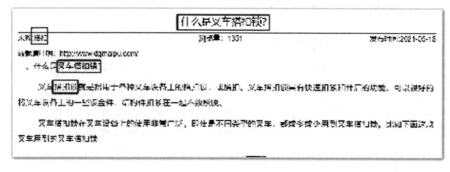

图 5—1

（2）图文并茂。

文章正文中间出现多张图片，尽量出现在文章前面一部分，尺寸大小 16：10，如果网站被百度收录，就会如图 5—2 呈现。

图 5—2

（3）多个段落，序号配列。

如图5－3，文章用多个段落组成，并且序号排列，不仅有利于网民的观感，也有利于搜索引擎蜘蛛的爬取。

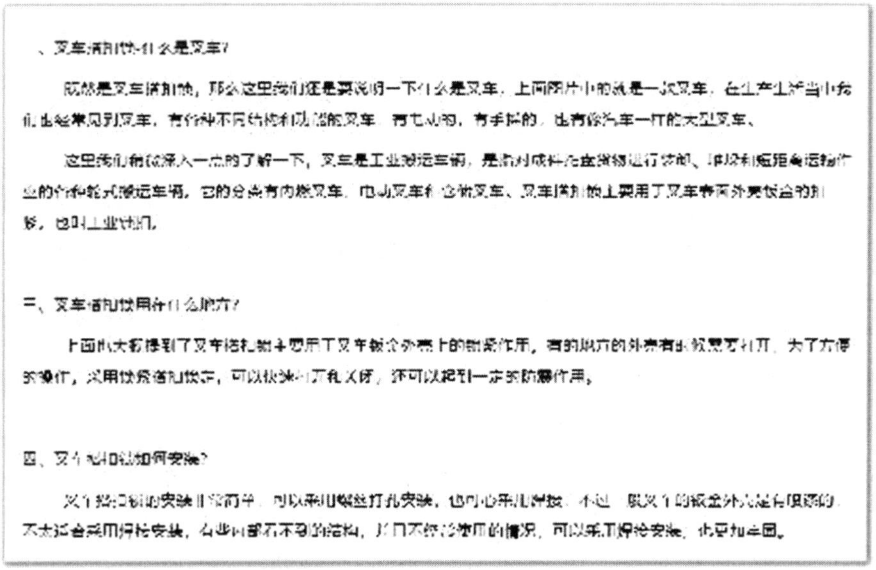

图5－3

5.2.6 专题页面

专题页是一个内容聚合页，将来自同一主题的内容，包括共同性的文章、图片、视频、站内锚文本、外链资源等组成一个集合体。专题页页面通常信息量较大，令人印象深刻，能够给读者在浏览这一信息时提供全方位的认知。

以下是专题页的优点：

·为一个特定主题、活动、节日或人物特别制作，以吸引不同用户的关注，降低网站的跳出率。

·提高网站被搜索的几率，因为专题页通常包含大量与特定主题相关的的内容。

·将大量数据分门别类地展示给用户，体现网站内容的全面性，使用户能够快速找到所需的信息。

·提供用户需要的信息并集中展示，方便用户浏览和查找，从而提高用户体验。

· 为网站带来流量，吸引部分用户，因为专题页通常针对特定主题或事件进行推广和宣传。

5.3　实训任务：网站内容策划工作表

5.3.1　任务描述：

根据 A 企业网站的上线情况，以及企业的运营目标和策划的关键词，制定网站内容发布和运营的工作计划是非常重要的。工作计划应包括日常新闻发布、节假日宣传工作计划以及重点专题页面设计与内容策划。通过制定详细的工作计划，可以确保网站内容的高质量和有效性，提高网站在搜索引擎中的排名和流量。同时，也有助于提高访问者对网站的信任度和满意度，从而促进企业的业务发展和品牌建设。

5.3.2　任务目标：

（1）确定企业网站日常工作内容的范围。
（2）划分工作计划为日常、短期、长期和专题工作。
（3）制定详细的工作计划表，包括日工作、周工作和月度工作计划。

5.3.3　任务思路：

（1）确定企业网站日常工作内容的范围：
· 审核和更新现有网站内容，修正错误或过时的信息。
· 发布新闻和动态信息，包括企业新闻、行业资讯等。
· 维护和管理网站的各类页面和功能模块，确保其正常运行和良好用户体验。
（2）划分工作计划为日常、短期、长期和专题工作：
· 日常工作：包括每日的内容更新、维护和管理工作，以确保网站的正常运行。
· 短期工作：针对特定活动、促销或事件进行内容发布和宣传，如节假日宣传活动等。
· 长期工作：是持续的内容发布和优化，以提升网站的内容充实度和用户体验。
· 专题工作：针对重点主题或关键词，进行专题页面的设计、内容策划和发布，以提高网站的专业性和吸引力。

（3）制定详细的工作计划表，包括日工作、周工作和月度工作计划：

·日工作计划：具体安排每日的内容更新、维护和管理工作，如新闻发布、页面更新等。

·周工作计划：规划每周的重点工作任务，如短期宣传活动的准备、数据分析和报告等。

·月度工作计划：制定整体的内容发布和优化计划，包括长期工作的推进、专题页面的策划等。

5.3.4 任务演示：

第一步：诊断现有网站内容，更新先有版块内容。

比如黄冈科技职业学院软件学院官网（www.hkrjxy.com）学院概况版块，根据实际情况，如果内容不是最新的，那么将进入后台进行及时的更新。如图5－4。

图5－4

第二步：收集相关新闻资讯、行业资讯、学生工作等内容，继续更新网站。

比如图片中学院要闻的新闻还停留在5月份，那么5月到现在的文章，收集之后，就需要在学校要闻版块进行合理的更新，提高更新效率。如图5－5。

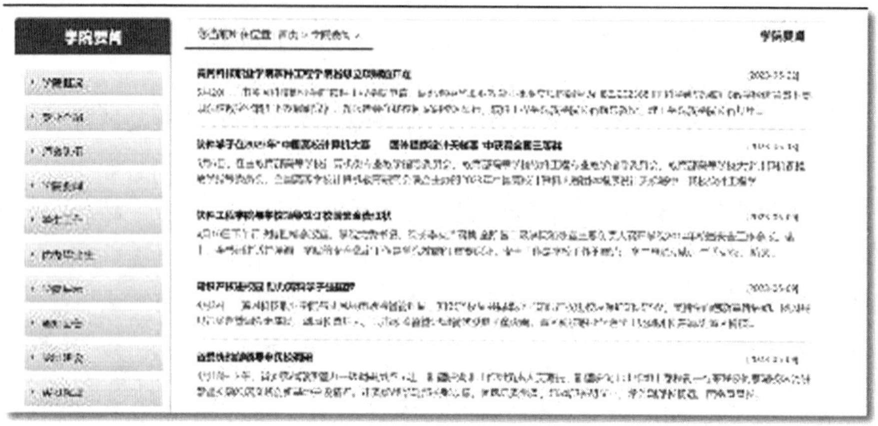

图 5-5

第三步：维护其他的版块内容。

第四步：划分工作计划为日常、短期、长期和专题工作。

· 专题页工作：学院概况版块、专业介绍版块以及后期学校专题活动页面。

· 日常内容更新：学院要闻版块、学生工作版块，进行每日的内容更新。

· 短期工作：师资队伍版块、优秀毕业生版块，进行不定期的更新。

· 长期工作：学院首页涉及的内容更新，提升核心关键词的排名。

第五步：制定详细的工作计划表。

比如日工作计划以小时为单位进行每天的工作内容，周工作计划就是周一到周五做什么，月度工作计划就是 4 周工作内容。这里以日工作计划为例。

时间	工作内容
9：00AM	分析当天网站的数据，包括流量、关键词排名、用户体验反馈等。
10：00AM	更新网站内容，确保内容质量高、原创性强。更新文章数量：5 篇。
11：00AM	收集有用信息，包括新闻、行业动态、竞争对手分析等。收集资料数量：20 条。
12：00PM	分析和改进网站的结构，确保网站易于搜索引擎爬取。
1：00PM	更新社交媒体上的内容，提高网站的知名度。
2：00PM	对网站进行备份，以防止数据丢失。
3：00PM	持续监测网站的数据，以便及时发现并解决问题。
4：00PM	整理并记录工作数据，为以后的工作提供参考。

5.3.5　任务实施：

网站上线后两个月的工作计划（短期）。

根据自己的理解，思考制定每周文章发布工作计划。

5.3.6　任务拓展

（1）根据你的月度计划，完成一个配合月度文章计划的专业页面设计与制作，完成相关设计与文案策划。

（2）网站上线第二至第四个月工作计划（中长期计划）。

（3）根据节日活动，推动相关特别专业工作计划。

（4）根据企业核心产品服务，制定重点内容策划和专题页制作。

（5）简述你对内容页制作标准化的理解。

做一份调查记录，调查两个竞争对手网站最近一周发布的相关内容信息。

5.4 实施任务：网站新闻信息编辑

5.4.1 任务描述：

根据 A 企业当前重要活动，编辑新闻信息通稿，并完成网站上的发布任务。

5.4.2 任务目标：

（1）学习提炼新闻信息的核心价值能力：
·理解企业重要活动的核心价值和关键信息。

· 学会筛选和提炼新闻信息，确保内容简明扼要、准确传达核心信息。

（2）完成标准企业网站新闻内容的编辑工作：

· 根据企业重要活动的背景和相关资料，撰写新闻稿件。

· 采用新闻的标准写作风格，包括标题、导语、正文和结尾等要素。

· 确保新闻稿件的内容准确、客观、清晰，并遵循相关法律和道德规范。

（3）掌握网页内容撰写的相关规范要求：

· 理解网页内容撰写的目标受众和传达方式。

· 遵循网页内容撰写的相关规范，包括标题的吸引力、段落的分隔和排版、关键词的合理使用等。

· 确保网页内容的易读性、用户友好性和搜索引擎优化。

5.4.3 任务思路

（1）确定企业重要活动的核心信息：

仔细阅读与企业重要活动相关的资料和信息，了解活动的背景、目的和重要亮点。与相关部门或团队沟通，收集更多关于活动的细节和要点。确定活动的核心信息，包括活动时间、地点、主题、内容亮点等。

（2）提炼新闻信息的核心价值：

分析企业重要活动的核心价值和独特之处，将活动信息进行筛选和提炼，确保新闻稿件能够准确传达核心信息，确定新闻稿件的主题和重点，突出活动的亮点和关键信息。

（3）撰写标准企业网站新闻内容：

根据新闻稿件的主题和重点，撰写标题，要求简明扼要且具有吸引力。编写导语，简要介绍活动的背景和目的，引起读者的兴趣。撰写正文部分，包括活动的详细信息、参与人员、亮点等，确保内容准确、客观、清晰。结尾部分可以包括活动的未来展望、感谢语或其他相关信息。

（4）遵循网页内容撰写规范要求：

确定目标受众，根据其需求和兴趣编写内容。使用简洁明了的语言，避免使用过于专业或难以理解的术语。划分段落，使内容结构清晰，提高可读性。使用适当的标题和子标题，帮助读者快速浏览和理解内容。合理运用关键词，有助于搜索引擎优化和提升网页在搜索结果中的排名。编辑和校对内容，确保语法正确、拼写准确，并注意排版的整洁性。

（5）发布新闻稿件到企业网站：

遵循企业网站的发布流程和规定，登录网站后台管理系统。创建新闻发布页面或选择合适的分类进行发布。将编写好的新闻稿件复制粘贴到发布页面中，确保格式和排版的正确性。添加相关的标签、关键词和其他元信息，有助于网页的搜索引擎优化。预览和检查发布内容，确保没有错误或遗漏。

5.4.4　任务演示：

第一步：确定企业重要活动核心信息：

活动名称：年度销售额突破 10 亿庆祝活动。

活动时间：2023 年 6 月 1 日至 2023 年 6 月 30 日。

活动地点：公司总部一楼大厅。

活动内容：庆祝公司年度销售额突破 10 亿，举办员工表彰大会、晚宴、音乐会等系列活动。

再者，就是要核对公司相关人员姓名是否正确，文字内容是否跟广告冲突。

第二步：新闻信息核心价值提炼：

庆祝公司年度销售额突破 10 亿，员工表彰大会、晚宴、音乐会等系列活动，展示公司实力和业务范围，加强员工凝聚力和团队合作精神，核心关键词的预埋（比如卫华起重机）。

第三步：标准企业网站新闻内容撰写：

公司名称：XX 有限公司。

新闻发布时间：2023 年 6 月 1 日。

新闻标题：热烈庆祝 XX 有限公司卫华起重机年度销售额突破 10 亿！

新闻正文：为了庆祝 XX 有限公司卫华起重机年度销售额突破 10 亿，公司将于 2023 年 6 月 1 日至 6 月 30 日期间，在总部一楼大厅举办员工表彰大会、晚宴、音乐会等系列活动。此次活动将展示公司的实力和业务范围，加强员工凝聚力和团队合作精神。活动期间，公司将邀请知名歌手和乐队参加演出，同时还将颁发员工表彰奖项，表彰为公司做出杰出贡献的员工。敬请广大员工踊跃参加，共同庆祝这一历史性时刻！

在这次活动中，员工们不仅可以享受到美食、音乐和舞蹈，还可以参与各种有趣的互动游戏和抽奖活动。这些活动不仅让员工们放松身心，增强彼此之间的交流和互动，同时也增加了活动的趣味性和互动性。

此外，公司还为参加活动的员工准备了一系列精心准备的礼品，包括电子产品、旅游券、购物卡等。这些礼品不仅是对员工们的辛勤工作的回报，也是一份小小的惊喜和鼓励。

总之，这次活动不仅是一次庆祝公司卫华起重机年度销售额突破 10 亿的盛会，更是一次展现公司实力和团队精神的契机。通过这次活动，员工们将更深入地了解公司的业务范围和实力，同时也增强了员工们的凝聚力和团队合作精神。相信在未来的发展中，公司一定会取得更加辉煌的成绩，员工们也会在这个平台上实现自己的价值，共同创造更加美好的未来！

第四步：网页内容撰写规范要求遵循：

使用简洁明了的的语言，避免使用过于复杂或专业的术语。段落清晰，每段不要过长，以便读者更容易阅读和理解。使用标题须包含核心关键词或者次核心关键词。文章的第一段或者最后一段，包含的核心关键词或次核心关键词使用黑色字体，避免使用过多颜色或特殊字体。在新闻正文中使用关键词和短语来提高搜索引擎优化效果。

第五步：新闻稿件发布到企业网站：

将新闻稿件保存为.txt或.html格式。在企业网站的后台管理系统中创建新的新闻页面，将新闻内容复制并粘贴到新闻页面中，设置新闻页面的标题、关键词和描述等元标签，保存并发布新闻页面，等待搜索引擎更新。

5.4.5 任务实施

> 根据下列信息，完成一篇 200 字左右的新闻公告信息的发布。

5.4.6 任务拓展:

> 根据企业核心产品和业务,策划出关键词分组,完成每日计划工作的运营文章的内容编辑。

5.5 实施任务:网站产品及业务日常文章编辑

5.5.1 任务描述:

根据企业核心产品和业务,策划出关键词分组,完成每日计划工作的运营文章的内容编辑。

5.5.2 任务目标:

(1)掌握文章编辑的标准化模式,包括标题、段落结构、语法和格式等方面的要求。

(2)根据关键词策划,培养良好的文章原创工作习惯和思路,确保内容的独特性和质量。

(3)完成企业工作统计关键词和文章发布统计表,记录关键词使用情况和文章的发布信息。

(4)在文章中恰当地制作关键词锚链接,提升文章的内部链接结构和用户体验,并记录在统计表中。

5.5.3 任务思路:

(1)确定每日计划工作的关键词分组:根据企业的核心产品和业务,将关键词进行分类分组，确保每个分组包含相关的关键词。

（2）进行文章内容编辑：根据每日计划工作的关键词分组，开始编辑相应的运营文章。在编辑过程中，遵循文章编辑的标准化模式，包括选择适当的标题、构建合理的段落结构、注意语法和格式的准确性，以确保文章质量和可读性。

（3）培养良好的原创工作习惯和思路：在编辑文章时，注重原创性，避免抄袭和剽窃。根据关键词策划，发挥自己的创造力和思考能力，将关键词融入文章内容中，并以独特的观点和风格进行表达。

（4）完成企业工作统计关键词和文章发布统计表：在编辑文章时，记录使用的关键词和文章的发布信息。创建一个统计表，包括关键词、关键词使用次数、文章标题和发布日期等信息，以便后续跟踪和分析。

（5）添加关键词锚链接并记录在统计表中：在文章中恰当地添加关键词锚链接，将关键词与相关页面或资源相连，提升文章的内部链接结构和用户体验。同时，将添加的关键词锚链接记录在统计表中，以便进行跟踪和分析。

5.5.4 任务演示：

第一步：确定每日计划工作的关键词分组：

根据企业的核心产品和业务，我们将关键词分为以下几组：

关键词组 A：关于产品特性、优势和解决方案的文章。

关键词组 B：关于企业品牌、文化和价值观的文章。

关键词组 C：关于行业趋势、市场分析和竞争对手的文章。

第二步：进行文章内容编辑：

根据每日计划工作的关键词分组，开始编辑相应的运营文章。

针对关键词组 A，编写一篇关于新产品特性和优势的文章，标题为"新产品引领行业潮流，助力企业高效发展"。

针对关键词组 B，编写一篇关于企业品牌文化和价值观的文章，标题为"企业品牌文化：塑造形象，传递价值"。

针对关键词组 C，编写一篇关于行业趋势和市场分析的文章，标题为"行业趋势与发展前景：市场在变化，我们也在前进"。

第三步：培养良好的原创工作习惯和思路：

在编辑文章时，注重原创性，避免抄袭和剽窃。

第四步：根据关键词策划，文章内容融入关键词：

发挥自己的创造力和思考能力，将关键词融入文章内容中，并以独特的观点和风格进行表达。例如,在写关于产品特性和优势的文章时,可以从用户需求、市场竞争角度出发,结合产品实际特点,编写具有独特观点和表达方式的内容。

第五步:完成企业工作统计关键词和文章发布统计表:

在编辑文章时,记录使用的关键词和文章的发布信息。创建一个统计表,包括关键词、关键词使用次数、文章标题和发布日期等信息,以便后续跟踪和分析。例如:

关键词	关键词使用次数	文章标题	发布日期
产品特性	10	"新产品引领行业潮流,助力企业高效发展"	2023-04-01
企业品牌	8	"企业品牌文化:塑造形象,传递价值"	2023-04-01
行业趋势	12	"企业品牌文化:塑造形象,传递价值"	2023-04-01

第六步:添加关键词锚链接并记录在统计表中:

在文章中恰当地添加关键词锚链接,将关键词与相关页面或资源相连,提升文章的内部链接结构和用户体验。同时,将添加的关键词锚链接记录在统计表中,以便进行跟踪和分析。例如:

关键词	关键词使用次数	文章标题	发布日期	锚链接
产品特性	10	"新产品引领行业潮流,助力企业高效发展"	2023-04-01	产品特性页面链接
企业品牌	8	"企业品牌文化:塑造形象,传递价值"	2023-04-01	企业品牌页面链接
行业趋势	12	"行业趋势与发展前景:市场在变化,我们也在前进"	2023-04-01	行业趋势页面链接

5.5.5 任务实施：

任选一个关键词，完成文章策划，写一篇 200 字左右的网站日常推广文章，需包含锚链接。

5.6 实施任务：网站专题页策划

5.6.1 任务描述：

随着不同季节和节日的到来，企业根据实时需求推出针对企业的产品和服务的宣传活动，并配合这些活动完成网站专业页面的制作。

5.6.2 任务目标：

（1）策划和制作专业页面，以展示企业的宣传活动和推广信息。

（2）确保专业页面内容与关键词思维相结合，满足用户需求和搜索引擎优化要求。

（3）测试、优化和编辑专业页面，确保其质量和准确性。

（4）将专业页面发布到企业网站，并进行相应的宣传推广活动。

5.6.3 任务思路：

（1）确定企业的宣传活动计划和实时需求。

（2）策划专业页面的内容，考虑关键词思维和用户需求。

（3）设计页面布局和结构，编写文本内容，添加视觉元素。

（4）将关键词融入页面文本，提高搜索引擎可见性。

（5）进行页面测试、优化和编辑，确保质量和准确性。

（6）发布专业页面到企业网站，并进行宣传推广。

（7）监测页面访问和效果，根据数据优化和改进。

5.6.4 任务演示：

第一步：确定企业宣传活动或产品卖点提炼。

比如要做黄冈科技职业学院软件学院的专业介绍的专题页，就需要搞清楚三点：

• 专业有哪些？

• 消费者关心专业的问题是什么？

• 竞争对手没有的，我们具备的内容是什么？

厘清这些，专题页的卖点和内容就大概确定了方向。另外，融入核心关键词，也是必须考虑的。如图5—6。

图 5—6

第二步：页面逻辑的确定。

确定各个界面的布局和页面间的逻辑，甚至包括图标的设计。可以采取PASS模型。如图5—7。

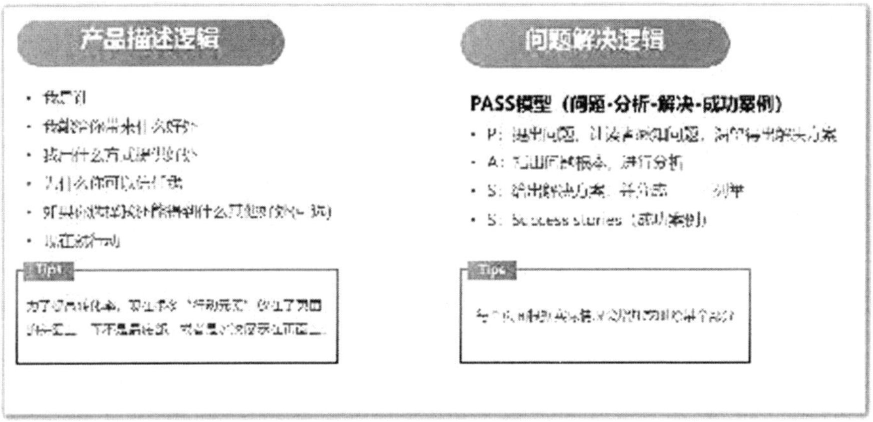

图 5—7

第三步：关键词融入页面。

核心关键词可以出现在页面的标题、小标题或者专业介绍的内容中，如果出现图片，图片也可以打 ALT 标签。

第四步：页面测试和发布。

将页面上传到网站后台，测试打开速度，内容的完整型，等等。

5.6.5 任务实施：

　选定一个主题，完成专题页策划。

　完成网站专题页制作。

5.6.6 自我评价：

日期		年　月　日		
评价内容	评价层次			
	了解	熟悉	掌握	精通
网站内容策划				
新闻稿撰写				
专题页策划				
专题页制作				
整体评价				
有益的经验和做法				
总结反馈建议				

5.6.7　任务拓展：

　　完成本阶段4个小任务后，回顾关键词策划和工作策划的思路以及内容，是否有需要完善、调整的地方，给出想法和方案。

5.7 思政小课堂

5.7.1 分享案例

比亚迪：技术创新与品质提升的引领者

比亚迪，一家以技术创新和品质提升为核心竞争力的企业，致力于为行业的发展提供新动力和新机遇。通过推出领先的"Blade Battery"锂电池技术，比亚迪在新能源汽车领域独领风骚，并逐步发展成为全球领先的新能源汽车制造商。近期，比亚迪又推出了全新的"刀片电池"技术，在新能源汽车领域引起了轰动。

· 技术创新：比亚迪一直秉承着创新驱动的理念，不断推动新能源汽车技术的创新与发展。其最新推出的"刀片电池"技术，不仅提高了电池的能量密度和安全性，还优化了电池组的制造流程，减少了生产成本。这项技术的推出，再次彰显了比亚迪的技术实力和创新意识。

· "刀片电池"的品质提升：比亚迪一直以来都将产品质量视为企业的生命线。新推出的"刀片电池"技术不仅保证了电池的安全性和续航里程，同时也提高了电池组的稳定性和耐用性。这项技术的应用，将进一步增强比亚迪新能源汽车的品质和竞争力。

· 核心竞争力：比亚迪的核心竞争力来自于持续的技术创新和品质提升。新推出的"刀片电池"技术，再次巩固了比亚迪在新能源汽车领域的领先地位，并为其未来的发展提供了强大的技术支持。

比亚迪以技术创新和品质提升为引领，通过"刀片电池"技术的研发与应用，进一步提升了其在新能源汽车领域的竞争力。这种以技术创新为驱动、注重品质提升、拥有完整产业链整合优势的发展模式，为比亚迪的持续发展提供了强大的保障。同时，比亚迪的全球化战略眼光也将助力其在新能源汽车领域取得更大的成功。

5.7.2 案例讨论

技术创新和核心竞争力怎么和自己未来的职业生涯和工作相结合？

任务六：网站外链信息平台建设

6.1　任务情景

根据 A 企业的网站内容建设任务和优化需求，网络部需进行外部链接平台的建设工作。为此，他们将寻找合适的外链平台，发布与企业相关的信息和内容，以增加网站的外部链接数量和质量。在选择外链信息平台时，需考虑其行业影响力、流量和用户群体等因素，以确保外链的有效性和网站的曝光度提升。通过建设外链信息平台，A 企业的网站将能够获得更多来自其他网站的外部链接，从而提高网站的权威性和搜索引擎排名。这将有助于增加网站的流量和曝光度，吸引更多潜在客户，并提升企业的品牌知名度和竞争力。

6.2　知识准备

6.2.1　网站链接的相关性

使搜索引擎了解公司网站所从事的业务的关键在于网站本身对其相关性进行明确表达，以便搜索引擎在抓取和分析网站时能够判断其内容与特定关键词的关联程度。然而，搜索引擎算法经过多年的迭代和改进，对于简单地堆砌关键词的做法持有审慎态度，将其视为潜在的作弊行为。

确实存在其他方法来判断相关性。外部链接和锚文本的运用可以提供一种判断相关性的途径。当其他网站使用与企业所从事行业相关的关键词链接到该网站时，搜索引擎会推断该网站与该关键词存在高度相关性。因此，通过他人对网站的认可和引用来判断相关性，相较于自我标榜更为可靠。

相关性作为评估网页内容质量和搜索引擎结果质量的重要指标，涵盖了标题与内容的相关性、内容与关键词的相关性以及网站与其核心价值主张的相关性。外部链接页面的内容、链接、关键词以及指向网站的页面与关键词和网站内容的相关性越高，所传递的权重和优化效果也会更高。因此，相关性在关键词排名权重的决定中起着关键作用。

6.2.2　权重

网站关键词的排名是由搜索引擎根据页面权重进行决定的，页面权重越高，相应的排名也会越高。页面权重的提升与外部链接的价值密切相关。高权重的页面和网站能够产生更高价值的链接。因此，通过不断进行外部链接的建设，可以实现网站权重的持续叠加。

有效构建外部链接并进行外部链接平台的建设和维护，是持续获得权重导入的重要途径，也是搜索引擎优化工作的重点。为了提高页面权重，需要进行外部链接的建设，不断拓展高价值的外部链接，并不断优化链接质量和来源。可以通过发布高质量的内容、参与社交媒体、建立高质量的合作伙伴关系等方式来拓展外部链接，从而提升网站权重和搜索引擎排名。

同时，还需要进行链接优化，确保链接来源和链接页面的质量和相关性，避免使用低质量或垃圾链接，以避免对网站造成负面影响。此外，还需要注意链接的自然性和多样性，避免过度依赖单一来源或方式的外部链接，以免搜索引擎认为存在作弊行为。

6.2.3　锚链接（锚文本）

网站关键词的排名是由搜索引擎根据页面权重进行决定的，页面权重越高，相应的排名也会越高。页面权重的提升与外部链接的价值密切相关。高权重的页面和网站能够产生更高价值的链接。因此，通过不断进行外部链接的建设，可以实现网站权重的持续叠加。

有效构建外部链接并进行外部链接平台的建设和维护，是持续获得权重导入的重要途径，也是搜索引擎优化工作的重点。为了提高页面权重，需要进行外部链接的建设，不断拓展高价值的外部链接，并不断优化链接质量和来源。可以通过发布高质量的内容、参与社交媒体、建立高质量的合作伙伴关系等方式来拓展外部链接，从而提升网站权重和搜索引擎排名。

同时，还需要进行链接优化，确保链接来源和链接页面的质量和相关性，避免使用低质量或垃圾链接，以避免对网站造成负面影响。此外，还需要注意链接的自然性和多样性，避免过度依赖单一来源或方式的外部链接，以免搜索引擎认为存在作弊行为。

6.2.4 相关性强的链接：

是指与公司或业务领域相关的网站的链接。例如，如果一个网站专门从事软件开发，并发布与软件开发相关的文章，且其中的链接文本也与软件开发相关，那么这个外部链接具有很强的相关性，被认为是优质链接。有时，即使整个网站与主题不相关，但网站上的某篇文章以及导出的链接锚文本与之相关，也可以被视为优质链接。

为了获得高质量的外部链接，需要进行相关的链接建设，包括与其他相关网站建立联系、参与相关社交媒体活动、发布与业务相关的的高质量内容等。这些努力将有助于提高网站在搜索引擎中的排名，增加流量和提升品牌知名度。

总之，相关性强的链接是优质链接，对于提高网站权重和搜索引擎排名具有重要作用。通过相关链接建设、高质量内容发布和社交媒体参与等努力，可以获得高质量的外部链接，从而推动业务发展并提升品牌知名度。

6.2.5 域名权重高的链接：

外部导入链接所属网站的域名注册时间、关键词排名等因素直接影响到外部链接的效果。如果外部链接所在网站具有较高的排名和权重，那么链接传递的权重也会更高，因此被认为是优质链接。

导出链接较少的网站链接则更为优质，因为导出链接数量越少，导入网站获得的权重就越多。例如，友情链接往往没有实质性内容，全是导出链接，这样传递的权重就较差，对网站排名的影响也较小。

6.2.6 单向链接：

理想的优质外部链接应是对方主动链接到网站，而不需回链。相互链接虽然权重较低，但建立难度可能较大。

6.2.7 锚文本链接：

通常而言，锚文本是指目标核心关键词，同时也是导入到网站的关键字链接。这种外部链接通常是高质量的。然而，并非每个锚文本链接都需要核心关键词，高权重网站的锚文本链接可以是核心关键词，其他的可以是长尾词或次核心关键词。一般来说，正文中出现的锚文本链接效果更好。

6.2.8 政府单位的域名链接：

通常而言，教育单位和政府单位的域名具有较高的权重。若能获取这些域名的导出外部链接，效果将非常出色。

6.2.9 外部链接原则：

在建立外部链接时，应遵循相关性原则、权威性原则、多样性原则、自然性原则和长期性原则。

（1）相关性原则：

优先选择与网站内容相关的联的链接。这样能够提高页面权重和排名，确保外部链接的主题与目标网页之间存在明显的相关性。

（2）权威性原则：

来自权威网站的链接可提升网页的权重和可信度，因此选择权威性网站进行链接是必要的。权威性网站的评估可从知名度、专业性和域名权重等方面进行。

（3）多样性原则：

为提高网站的可信度和搜索引擎的信任度，建立多样化的外部链接来源是必要的。避免过度依赖某个特定网站或域名，寻求来自不同领域和不同网站的链接。

（4）自然性原则：

链接建设应看起来自然，避免过度使用关键词或过度堆砌链接，以免被搜索引擎视为垃圾链接或作弊行为。链接的添加应符合用户体验和内容的需要。

6.2.10 长期投入：

链接建设是一个持续的过程，需要长期投入和维护。要不断寻找和建立新的优质外部链接，并监控现有链接的有效性和质量。定期评估链接的效果，并进行必要的调整和优化。

6.2.11 链接建设的思路

（1）百度产品添加外链：

百度贴吧：选择与网站相关的贴吧进行发帖，并在文章中添加自己的外链。确保链接的自然性，不要带上完整的 URL。

百度知道：发布质量较高的文章，并在参考资料中添加百度搜藏链接。

将链接布置在知道平台上，以吸引流量和引流。

百度文库：整理公司的产品和行业知识，并以图文并茂的形式发布。在尾部添加链接，虽然不会传递权重，但可以增加知名度和曝光度。

百度经验：使用图片宣传方法，创建包含二维码的图文内容，吸引用户扫描访问。也可以利用经验分享的方式，提高转化率。

（2）软文投稿加外链：

软文投稿是一种高效的增加外链的方法，可以传播网站和思想。确保软文具有实际价值，并能给读者带来启发。如果无法撰写高质量的文章，可以考虑购买。

（3）高权重信息网站外链：

注册并发布广告信息到高权重的信息网站，如 B2B 网站、分类信息网站和企业黄页网站。在广告信息中添加链接，可以是产品链接或友情链接。

（4）论坛和博客：

注册并参与相关论坛和博客，积极灌水并定期更新博客内容。这需要花费时间和耐心，但能增加外链和吸引流量。

（5）源码网站添加外链：

利用源码网站的流量，下载源码程序并修改成自己的信息。在源码中添加相应的外链和修改版权信息，吸引用户下载并保留外链。

（6）交换友链：

与其他网站进行友情链接交换，以增加网站的访问量和吸引用户点击访问。选择与网站相关且权重较高的网站交换友链，但要确保网站的用户体验高。

（7）交换友链的原则：

·一个网站建议交换的友情链接的数量是 30～40 个，可以分步骤分时间去实现，比如一个月可以做 5～10 个友情链接。

·用不同的关键词，交换不同的友情链接。

·权重对等，行业相关，或权重高于本身的友情链接。

·诚信交换，注重口碑，不要跟他人交换友链之后就删除他人友情链接。

6.3 实训任务：外链信息平台统计与注册

6.3.1 任务描述：

在外链建设的第一步工作中，挖掘适用于外部信息分布的平台至关重要。本节的第一个任务是进行平台注册。

6.3.2　任务目标：

（1）挖掘可用于发布外部链接的平台。
（2）完成平台注册统计。
（3）做好数据的归档统计。

6.3.3　任务思路：

（1）挖掘可用于外部信息分布的平台：搜索并筛选适合发布外部链接的平台，包括社交媒体、问答网站、博客平台、行业论坛等。
（2）完成平台注册：按照每个平台的注册流程和要求进行注册，使用真实有效的信息。
（3）统计注册信息：记录每个平台的名称、注册账号和注册时间等信息，建立数据表格或文档进行归档统计。
（4）新号维护：完成基本注册后，可以考虑完善个人或公司信息，优化个人或公司主页，与其他用户进行互动和交流等，增强平台活跃度和影响力。

6.3.4　任务演示：

第一步：挖掘可用于外部信息分布的平台。

通过百度搜索，发现百度自身的产品部分是可以做外链建设的，比如百度知道、百度文库，另外自媒体平台也可以做外链发布，比如微信公众号、知乎、小红书等等，而传统的论坛得意社区、长江社区也能做外链发布。

第二步：完成平台注册。

以长江社区为例：bbs. cjn. cn，直接用手机号＋验证码的形式，注册账号，随后根据提示填写资料，注册好账号。如图6－1。

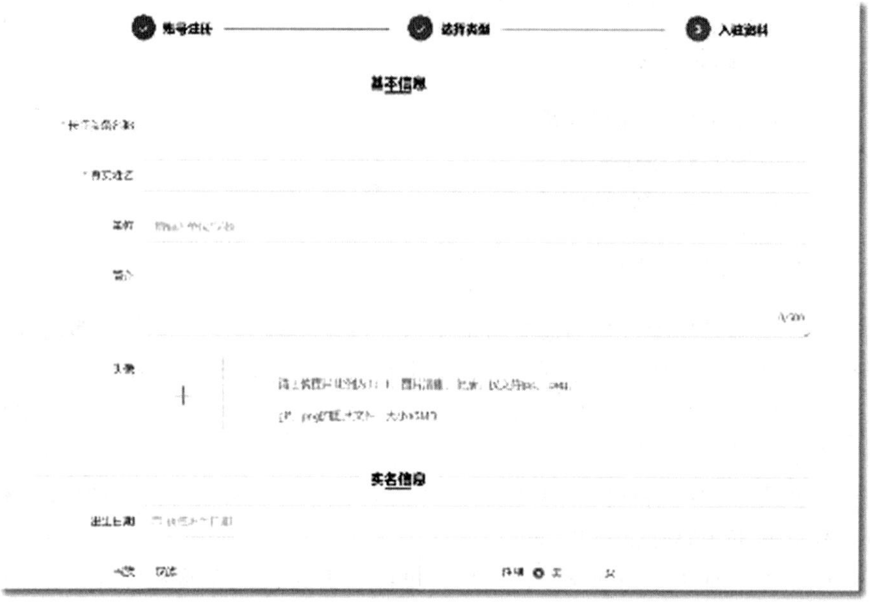

图 6-1

第三步：统计注册信息。

如图 6-2，统计每个平台的官网、权重、网址，更重要的是统计好自己的账号和密码。

图 6-2

第四步：新号维护。

如图 6-3，根据公司发展需求，维护个人的头像，签名，昵称，如果有地方能签名，测试是否能放网站链接，设置完成之后，可以浏览相关问题，发布相关帖子，提升账号本身的权重。

图 6-3

6.3.5 任务实施

平台	发布站点和外链形式

6.4 实训任务：外链内容撰写发布任务

6.4.1 任务描述：

根据企业工作内容活动要求，完成一篇站外内容创作，并选择合适的平台进行发布。在创作过程中要注意关键词的优化，确保内容和锚文本的相关性。

6.4.2 任务目标：

（1）策划站外链接发布工作：确定发布内容的目标和要求，选择合适的平台和适合的内容形式。

（2）理解内容相关性的意义：确保发布的内容与企业工作内容活动相关，并通过关键词优化提高内容的相关性。

（3）确定锚文本：选择适合的关键词或短语作为锚文本，在发布时将其与链接相关联，提升链接的权重传递效果。

6.4.3 任务思路：

（1）确定发布内容的目标和挖掘合适的平台：了解企业的工作内容活动要求，明确发布内容的目标是提升品牌知名度、增加流量还是改善搜索引擎排名等。根据目标确定发布内容的主题和重点。通过调研和分析，找到适合发布内容的外部平台。考虑平台的权重、流量、相关性以及用户群体等因素，选择能够达到目标的平台。

（2）进行关键词优化：根据企业的关键词列表，选择与发布内容相关的关键词或短语。在内容中合理地插入关键词，注意关键词的密度和自然度，提高内容的相关性和优化效果。

（3）撰写优质内容：根据选定的主题和关键词，撰写高质量的内容。内容应当具有独特性、有价值性和吸引力，能够吸引读者的注意并激发其兴趣。

（4）确定合适的锚文本：根据发布内容中的关键词或短语，选择适合的锚文本。锚文本应当具有相关性，能够准确描述链接的目标页面。同时，避免过度使用相同的锚文本，保持多样性和自然度。

（5）在选定的平台上发布内容：根据平台的规则和要求，将撰写好的内容发布到合适的位置。确保内容的格式正确、语法准确，并嵌入正确的链接和锚文本。

（6）监测和统计数据：发布后，及时监测链接的效果和反馈。跟踪访问量、排名变化等指标，评估发布内容的效果。同时，将相关数据进行归档统计，以便今后的分析和参考。

6.4.4 任务演示：

第一步：确定发布内容的目标。

通过知乎搜索"黄冈科技职业职业学院"，筛选最近一个月浏览量较高的问题，如图6-4，根据排名，确定哪个是点赞浏览数量较高的，由此确定需要发布内容的方向是"黄冈科技职业学院＋宿舍怎么样"。

图 6－4

第二步：撰写内容。

发布内容的要求，根据四处一词，问答的标题是提问者已经确定的，可在回答正文第一段话的第一句提及"黄冈科技职业学院宿舍怎么样"？

正文的第二段和第三段也可以穿插关键词"黄冈科技职业学院宿舍怎么样"并插入图片，以及锚文本链接。如图 6－5。

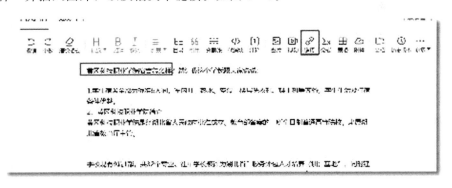

图 6－5

结尾最后一段也需要提及关键词。

第三步：确定锚文本。

锚文本选择跟主题相关的：黄冈科技职业学院宿舍怎么样？作为锚文本，带上超链接。

第四步：选定平台发布。

在知乎上发布，进一步内容可以在百度知道上进行发布。

第五步：监测和统计数据：

发布完成之后，需要定期去检查链接，并跟踪数据，见表6－1。

平台	链接	访问量	排名变化

6.4.5　任务实施：

完成EXCEL表，完善信息统计

关键词	
核心内容主题	
详细内容	
关键词	
核心内容主题	
详细内容	
关键词	
核心内容主题	
详细内容	

6.5　实训任务：完成反链链接交换

6.5.1　任务描述：

在优质外链获取中，反链交换是一项重要的工作，需要持续维护和交换。本任务旨在掌握反链交换的对象参数要求、反链交换的原则，并形成定期检查反链的习惯。

6.5.2　任务目标：

（1）理解反链交换的对象参数要求，包括相关性、权重和导出链接数量等。

（2）掌握反链交换的原则，包括选择优质链接、建立双向链接和避免过度链接等。

（3）培养定期检查反链的习惯，确保反链的质量和有效性。

6.5.3　任务思路：

（1）确定反链交换的对象参数要求：

·定义相关性要求：确定与网站主题或行业相关的网站作为反链交换的对象。

·考虑权重要求：选择具有较高域名权重和页面权重的网站作为优先交换对象。

·控制导出链接数量：确保反链交换的对象网站导出链接数量适中，避免过多导出链接降低链接价值。

（2）遵循反链交换原则：

·选择优质链接：优先选择权威、信任度高的网站进行反链交换，以提升网站的权威度和可信度。

·建立双向链接：与其他网站建立互惠性的双向链接，提高链接的价值和可持续性。

·避免过度链接：避免在单个页面上过多地放置反链，以免被搜索引擎认为是链接操纵行为。

（3）形成定期检查反链的习惯：

·建立反链监测机制：使用工具或服务监测反链情况，包括链接的数量、来源和质量等指标。

·定期检查反链质量：定期审查反链的质量和有效性，确保链接仍然存在并符合自己的要求。

·更新和维护反链：根据需要，与原有交换对象保持联系并寻找新的反链交换机会。

6.5.4　任务演示：

第一步：确定反链交换的对象参数要求。

借助搜外外链交换平台，首先把自己的官网添加到这个平台，如图6－6。需要说明的是，行业、关键词、换链位置都是需要注意的地方。

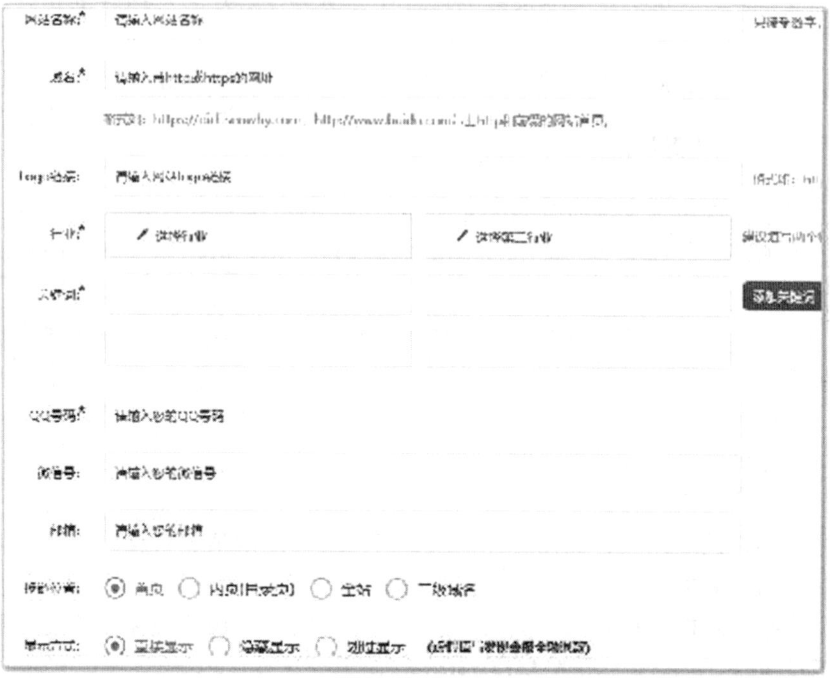

图 6－6

第二步：遵循反链交换原则，进行交换反链。如图 6－7。

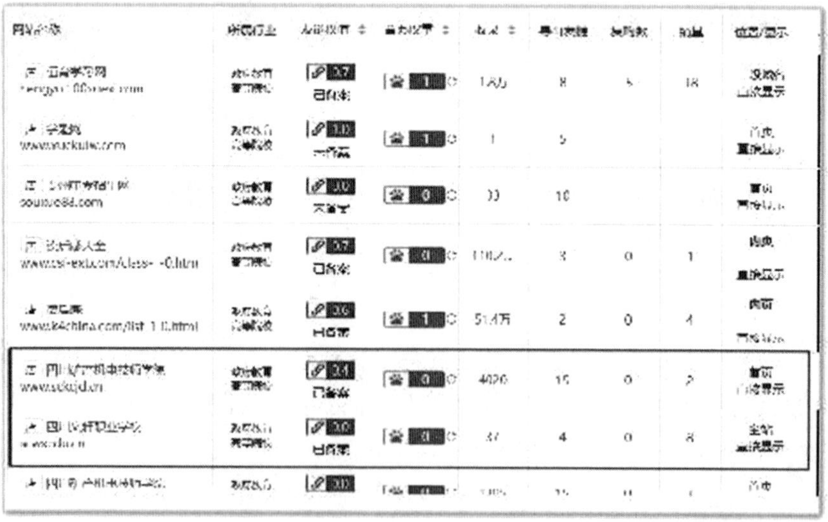

图 6－7

如果行业属于教育类，那么交换链接尽量选择教育类，关键词是我们事先确定的核心关键词或次核心关键词，换链位置是友情链接版块。最重要的是换链权重，是需要与我们对等的，或高于自身。额外需要说明的，就是诚信交换。这些没问题，就可以给他人发出交换链接的请求，等对方同意。

第三步：形成定期检查反链的习惯

制作链接交换记录表，进行反链的定期检查监控。如图 6－8。

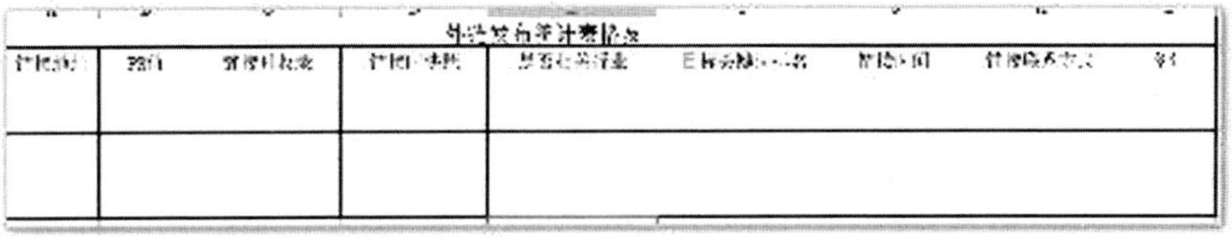

图 6－8

6.5.5 任务实施：

各组之间完成一次友链交换设置，记录重要节点步骤。

6.6 实训任务：外链信息统计表

6.6.1 任务描述：

在外链信息发布工作中，记录和统计是非常重要的一环。通过制作外链发布统计工作表，可以对每次外链发布的关键信息进行记录和整理，便于后续的分析和回顾。同时，形成良好的工作习惯有助于保持工作的规律性和连续性。

6.6.2　任务目标：

（1）制作外链发布统计工作表：创建一个表格或电子文档，用于记录每次外链发布的关键信息，包括链接平台、发布时间、关键词、链接位置等。您可以根据实际需求设计并添加其他需要记录的字段。

（2）形成良好的工作习惯：建立定期的分析和回顾习惯，例如每周或每月对外链发布工作进行统计和分析。根据工作表中的数据，评估外链的质量和效果，并根据需要制定后续计划和改进措施。

6.6.3　任务思路

（1）设计外链发布统计表格，包括链接平台、发布时间、关键词、链接位置等信息。

（2）在每次外链发布时，记录相关信息到统计表中。

（3）定期回顾外链发布情况，分析关键词的进展和效果。

（4）根据分析结果制定后续计划和优化策略。

（5）养成定期统计和分析的工作习惯。

6.6.4　任务演示：

第一步：设计外链发布统计表格。

设计外部链接，包含链接位置、PR 值等信息。如图 6—9。

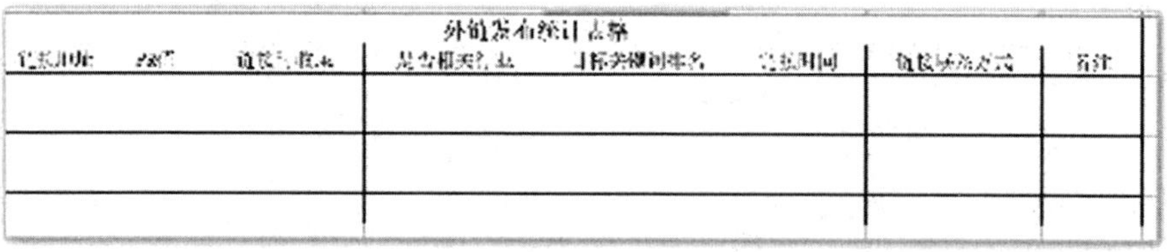

外链发布统计表格							
记录日期	类型	渠道名/链接	是否相关行业	目标关键词排名	发布时间	链接接收方式	备注

图 6—9

第二步：根据实际发布的情况，将链接记录表格内。

第三步：定期检查外链发布表，查看是否出现失效链接。

6.6.5 任务实施

制作外链工作统计表：

6.6.6 自我评价：

日期	年　　月　　日			
评价内容	评价层次			
	了解	熟悉	掌握	精通
外链发布流程				
外链内容撰写				
外链信息统计				
友链交换				
整体评价				
有益的经验和做法				
总结反馈建议				

6.6.7 任务拓展

（1）什么样的链接才是好的链接？

（2）友情链接是否交换？

（3）查看竞争对手行为站外链接情况，做出简单的分析讲解。

6.7 思政小课堂

6.7.1 分享案例

海尔的质量觉醒——从引进到自主创新

1985 年，海尔公司还是一家以引进德国先进设备为主的小家电制造企业。一次，一个偶然的质量问题让海尔公司陷入了困境。当时，公司生产的一批冰箱存在一些小缺陷，但并未达到退货的标准。然而，公司总裁张瑞敏却做出了惊人的决定，他提出"有缺陷的产品就是不合格产品"的观点，并下令将这批冰箱全部销毁。

·质量意识觉醒：

张瑞敏的决定并非易事，他不仅面临着经济损失，更重要的是要改变员工对质量的认识。通过销毁这 76 台冰箱，他成功地向全体员工传达了质量至上的理念，这成为海尔发展史上的一个重要转折点。

·赢得美誉：

由于对质量的严格把控，海尔的产品质量逐渐得到了国内外市场的认可，赢得了消费者的信任和美誉。这种口碑的积累为海尔的发展提供了强大的支持。

·推动行业进步：

海尔的举措引发了中国企业对于质量的竞争。越来越多的企业开始关注质量，并逐步认识到质量对于企业生存和发展的重要性。这不仅推动了中国家电行业的整体进步，也引发了全社会对质量的关注。

海尔的成功证明质量是企业生存和发展的关键。通过严格把控质量关，树立良好的企业形象，推动行业共同进步以及全社会质量意识的提高，海尔成功地走出了自己的发展道路。同时，坚持自主创新和持续改进的精神，使得海尔在竞争中始终保持领先地位。

6.7.2　案例讨论

为什么质量才是决定个人和企业发展的内核和根本？

任务七：网站数据监控任务

7.1　任务情景

在企业完成网站的宣传展示任务后，我们需要及时衡量这些日常工作的实际成效，以便调整运营方案。因此，需要明确哪些 SEO 工作是有效的，哪些需要优化调整，哪些关键词带来有价值的流量，哪些内容策划能够带来商业价值，以及如何进一步提升工作效率。这就需要持续监控网站数据，并通过 SEO 数据发现问题并制定整改计划，完善工作策略。网站数据监控是后续 SEO 工作提高的重要依据。通过对网站数据的监控，我们能够确定有效的 SEO 工作，优化关键词策略，并评估内容策划的效果。此外，还需思考如何进一步提升工作效率，例如探索工作效率工具、自动化工作流程，并持续学习和关注 SEO 领域的最新发展。通过这些措施，我们能够调整运营方案，提高网站的表现和业务结果。

7.2　知识准备

7.2.1　数据监测

数据监测是关键的一步，它帮助我们了解网站的运营目标是否达到，并为后续工作策略提供依据。在数据监测中，我们需要明确要监测哪些数据，因为这些数据将用于评估网站的运营状况。

首先，我们要明确网站的目标，这些目标可以是提高品牌知名度、提升用户体验、增加新客户留存率或通过信息流广告获取收益等。根据具体的目标，我们可以确定需要监测的指标。

网站数据监测可以分为两类：一是通过站长工具监测网站的 SEO 数据，这也是本章节任务讲解的内容；二是通过数据统计工具对网站访客数据进行分析，这将在下一个任务中进行讲解。

在本章节的任务中，我们将重点关注网站页面收录、外链、权重和关键词排名等数据，同时也会进行竞争对手相关数据分析。为了完成这些任务，我们将使用 SEO 数据监测平台，如爱站网和站长工具。这些平台将提供我们所需的数据，并帮助我们了解网站在搜索引擎中的表现和竞争对手的情况。如图 7－1。

图 7－1

通过数据监测，我们可以及时发现网站运营中的问题，并根据数据分析结果制定相应的优化策略。同时，我们还可以评估关键词的效果和网站的整体表现，为后续的 SEO 工作提供指导和参考。

7.2.2 收录

收录是网站排名的基础，也是衡量网站内容质量的重要指标。收录指的是搜索引擎将网页加入其索引库中，使其在用户查询相关内容时能够出现在搜索结果中。不同的搜索引擎都有自己的收录机制，如百度收录、360 收录、神马收录、搜狗收录和谷歌收录等。

对于企业网站来说，被搜索引擎收录是非常重要的，因为用户通常通过搜索引擎输入关键词来寻找所需的信息或产品。如果企业的网页没有被收录，用户将无法通过搜索引擎找到该企业。此外，用户通常只会查看搜索结果的前几页，因此网站在搜索引擎结果中的排名越靠前，被用户浏览和点击的可能性就越大。

然而，被搜索引擎收录并不意味着一定能带来流量。有些页面虽然被收录了，但缺乏权重和排名，无法吸引有价值的流量。因此，在收录数据统计时，SEO 工作人员需要重点关注哪些收录页面带来了流量。关注这些带来流量的收录页面的关键词、流量数量、停留时间等信息，因为只有这些有价值的收录页面才能体现我们的工作价值。通过跟踪有效收录的变化情况，我们可以有针对性地调整工作策略，获得更好的效果。

要查询网站的收录情况，可以使用爱站、站长工具等网站，也可以在百度搜索框中输入"site：域名"。如图7-2。

图7-2

对于 SEO 工作人员来说，解决收录问题、提高收录是最重要的任务之一，特别是要增加能够带来流量的有效收录。收录数量反映了网站内容的质量以及搜索引擎对网站页面的抓取频次，是网站排名和流量的基础。因此，持续关注和改善网站的收录情况对于 SEO 工作的成功非常关键。

7.2.3　网站权重

网站权重（Page Strength）是搜索引擎对网站（包括网页）赋予的权威值和评估。它表示一个网站在搜索引擎中的影响力和排名。高权重的网站在搜索引擎排名中通常更靠前，拥有更大的份量，也能吸引更多的流量和提高网站的信任度。因此，提高网站的权重对于网站的成功非常重要。

过去，我们通常使用谷歌的 PR（PageRank）值来衡量网站的权重。然而，在 2013 年 12 月之后，谷歌停止更新 PR 值，因此不再公开显示具体数值。尽管如此，PR 算法仍然存在，只是具体数值不再对外公开。此后，爱站、站长工具等网站推出了百度权重的概念。百度权重是第三方网站根据网站关键词排名预估给出的 0～9 级别的评估数据，代表着网站的受欢迎程度。虽然百度官方明确表示不承认百度权重的存在，但通常情况下，SEO 从业者仍默认百度权重的存在。

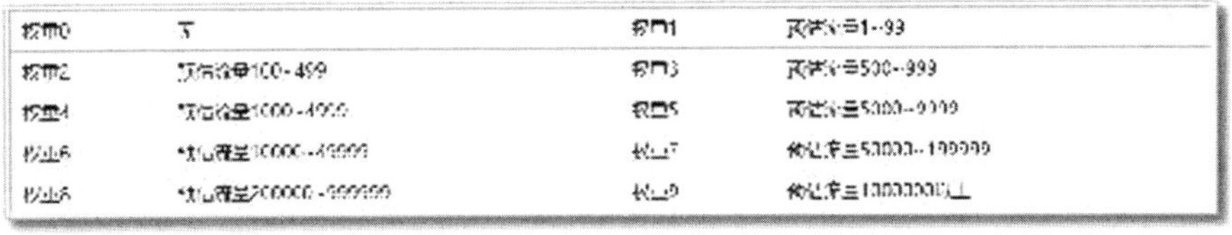

图 7—3

那么如何提高网站的权重呢？我们可以从两个方面着手。首先，要提高网站的内容质量，定期定量地更新网站内容。优质的内容能够吸引用户的注意，也符合搜索引擎对于有价值内容的要求。其次，要稳定增加高质量的外部链接，这是 SEO 从业者普遍认同的理念之一，即"内容为王，外链为皇"。高质量的外部链接可以增加网站的引用和关注度，提升网站在搜索引擎中的权重和排名。

因此提高网站权重是提高网站在搜索引擎排名和流量的关键因素。通过提高网站内容质量和稳定增加高质量的外部链接，我们可以增强网站的权威性和影响力，获得更好的排名和流量。

7.2.4　外链

在任务六中我们介绍了网站外链信息平台的建设，并指出外链是获取流量和提升权重的重要手段。然而，并不是我们发布的每一个外链都是有效的，因此需要进行监测和评估。

一种常用的方式是在百度搜索框中输入"domain：域名"来查询外链情况。同时，也可以借助爱站、站长工具等网站来查询外链情况（实质上它们也是通过"domain：域名"的方式查询）。通过这些查询，我们能够获得被收录的外链页面，这些被收录的外链才是有效的。

在监控外链数据时，有两个关键点需要关注。首先，我们应该关注哪些平台发布的外链更容易被搜索引擎收录，这些平台通常具有更大的影响力。因此，我们应该重点关注与网站内容相关的平台。其次，外链的数量需要稳步增长。定期监测外链数据时，应确保外链的数量持续稳定增长，避免出现剧烈波动的情况。

在外链监测中，我们需要确保外链来自被搜索引擎收录的有效页面。同时，关注内容相关的平台和稳定增长的外链数量是保持外链效果的关键。

7.2.5　关键词排名

关键词排名在搜索引擎中起着至关重要的作用。当用户有需求时，他们通常会通过搜索引擎输入关键词来寻找所需的信息或产品。搜索引擎会根据关键词进行排序，并显示相应的搜索结果。良好的关键词排名可以为网站带来更多流量，通过增加搜索引擎的访问量，提高企业品牌的知名度和影响力。它还能吸引潜在客户更容易找到网站，并与企业进行合作和交易，从而实现盈利。因此，要获得这些利益，首先需要关键词排名靠前。如图7—4。

关键词	排名	全网指数	百度指数
黄冈科技职业学院	第1页 第2位	1389	1389
黄冈科技职业技术学院	第1页 第8位	257	257
黄冈科技学院	第1页 第8位	90	90
黄冈科技职业学院	第1页 第9位	1389	1389
黄冈科技职业技术学院	第1页 第9位	257	257

27个关键词，点击查看更多

图7—4

关键词排名监控可以帮助我们更好地了解网站当前的关键词排名情况。因为只有排名靠前，才能有更多的流量。定期进行核心关键词和长尾关键词排名的统计可以了解网站的权重状态和健康状况。如果在某个时间段内大量关键词的排名出现剧烈波动，这可能意味着网站出现了问题，或者搜索引擎正在进行算法迭代。这时候就需要进一步求证和数据判断，以确定出现问题的原因。

因此，关键词排名监控对于了解网站的排名情况、流量和健康状态非常重要。通过定期监测和分析关键词排名数据，我们可以及时发现问题，并采取相应的措施来提升排名和流量，从而实现营销的最佳化。

7.2.6 竞争对手分析

竞争对手分析在SEO中扮演着重要的角色，因为了解竞争对手的数据可以帮助我们更好地优化自己的网站，提高排名。以下是竞争对手分析的简略步骤：

确认竞争对手：选择 2～3 个与自己网站竞争激烈的对手进行分析。这些对手可以是在同一行业、针对相似目标受众的网站。

比较营销定位：分析竞争对手的营销定位，包括关键词选择和内容策略。不同的营销定位可能使用不同的关键词和内容来吸引目标受众。

比较网站收录：关注竞争对手的网站收录情况。收录量在一定程度上可以反映网站内容的丰富程度和质量。一个收录量较高的网站通常意味着其内容受到搜索引擎的认可。

比较关键词表现：确定竞争对手在搜索引擎中排名靠前的关键词数量。了解竞争对手在关键词排名方面的表现，可以帮助我们了解他们的优势和策略。

比较外链数量和质量：分析竞争对手的外链数量和质量。了解竞争对手拥有哪些高质量的外链，可以借鉴并加入自己的外链平台，提高自己网站的权重和流量。

通过竞争对手分析，我们可以了解竞争对手在关键词排名、外链建设等方面的优势和策略，并结合自身情况进行取长补短，优化自己的网站，提高排名和流量。竞争对手分析是 SEO 数据监控中不可或缺的一部分。

7.3　实训任务：网站 SEO 数据监控

7.3.1　任务描述：

A 企业需要实时监控网站推广工作的效果，以便制定下一阶段的推广计划。监控数据将被用于分析评估前期工作的有效性和合理性，为工作的分析提供数据支持，并为下一阶段的 SEO 工作做出相应的调整，以确保工作的顺利进行。

7.3.2　任务目标：

（1）掌握 SEO 数据监控方法：学习如何监控和分析关键指标，包括网站流量、排名、收录情况、外链情况等，以评估 SEO 工作的有效性和合理性。

（2）了解 SEO 数据监控平台：了解常用的 SEO 数据监控平台，如 Google Analytics、百度统计、爱站等，掌握它们的基本功能和使用方法。

7.3.3　任务思路：

（1）确定关键指标：确定需要监控的关键指标，例如网站流量、排名、收录情况、外链情况等。

（2）选择监控工具：选择适合的 SEO 数据监控平台或工具，例如 Google Analytics、百度统计、爱站等。

（3）安装监控代码：按照监控平台的指南和文档，将相应的监控代码添加到网站的页面中。

（4）设置监控目标：在监控平台中设置监控目标，例如流量增长、关键词排名提升等。

（5）收集监控数据：收集相关数据并进行监控，确保监测系统正常运行。

7.3.4　任务演示：

第一步，确定网站监控关键指标。

·搜索引擎排名：关注关键字在搜索结果页面中排名的变化，可以了解 SEO 改动的影响，从而做出相应调整。

·流量：通过监控网站的访问者数量和页面浏览量，可以评估网站的受欢迎程度和用户体验，以及调整 SEO 策略。

·对话时间：这个指标显示用户在网站停留的时间。如果用户花费的时间较少，则意味着网站的可读性不佳，用户体验也需要改进。

·跳出率：这是用户从当前页面直接离开网站的比例，高跳出率可能意味着页面没有满足用户的需求，或者链接到的页面质量差。

·关键词搜索指数：通过搜索指数可以及时了解哪些关键字在最近是热门的，用户还在搜索哪些相关关键字，这样就可以马上进行网站关键字布置，满足用户搜索需求，获取精准流量。

·收录及索引数据：通过搜索引擎后台管理中心查看网站的收录和索引数据情况。比如索引下降幅度较大，长时间索引不被释放，收录效率、收录页面展示异常或不符等等，及时发现排除，缩短网站 SEO 优化的成效时间。

·用户数据：比如分析用户访问页面数据、来源数据、停留数据等等，通过多维度的用户数据判断网站哪方面 SEO 优化存在不足，哪方面还可以加强，针对用户的需求进行深度 SEO 优化。

日期	5月1日	5月2日	5月3日	5月4日	5月5日	5月6日
站内总浏览次数 pv	11	16	31	38	91	84
独立访客 uv	10	13	14	25	45	42
比值	1.10	1.23	2.21	1.52	2.02	2.00
跳出率	10.00%	76.92%	63.16%	74.07%	83.33%	77.08%
网站总 PV	11	16	31	38	91	84
IP	10	13	14	24	43	42
独立访客 uv	10	13	14	25	45	42
竞价总费用	19.17	19.17	19.17	19.17	19.17	19.17
直接点击网站	1	4	5	7	13	17
站外推广 QQ						
微信						
其他搜索引擎	0	0	0	0	0	0
其他搜索引擎关键词						

· 页面数据：比如分析网站页面的数据可以掌握到用户为什么会访问、哪个时间段是高峰访问等等，通过分析可以找出存在的优缺点进行及时改进，促进其他页面的 SEO 优化。如图：

前 50 的关键词	IP 访问量	对话关键词	访问次数
网络营销	网络营销	网络营销	20
职业培训	职业培训	网络营销培训	4
高考填报志愿	SEO 优化	网络营销主要做什么	2
技术培训	网络营销主要做什么	网络营销视频教程	3
高中毕业生找工作	十大好就业专业	武汉网络营销公司	12
高考补录	SEO 是什么	网络营销课程	2
SEO	技术培训	网络营销软件	7
SEO 是什么	SEO 教程	SEO 是什么	2
湖北高考补录	SEO	SEO	2
十大好就业专业	找工作	SEO 论坛	2
网络营销培训	网络推广主要做什么	SEO 优化	2

具体监控指标可以根据各公司单位重点关注内容进行定制，拟定统计表。

第 2 部，确定监控统计平台，选择 2~3 个左右的平台进行代码安装来统计数据，以减少平台统计算法带来的数据差，提高数据的可信度。

7.3.5 任务实施：

> 1. 列举三个网站数据监控查询平台。
>
>
>
> 2. 通过监控查询平台的数据查询，拟定相关的指标，制作 excel 监控数据。

7.4 实训任务：网站 SEO 数据实时监控

7.4.1 任务描述：

网站数据监控是一项长期而持续的工作，对于 A 企业的网站运营人员而言，每次都需要在数据监控平台中输入自己企业网站和竞争对手网站的网址，然而却无法获取部分数据的近期变化趋势，这对他们构成了困扰。幸好，站长工具平台提供了 SEO 实施监控功能，通过注册登录并添加自己和竞争对手的网站，可以实时监控相关数据。

7.4.2 任务目标：

（1）在站长工具平台上注册并登录，确保能够充分利用平台提供的功能和服务。

（2）在 SEO 实时监控功能中添加自己和竞争对手的网站，以便对其数据进行监测。

（3）熟练运用 SEO 实时监控功能，掌握如何准确观察网站数据的变化趋势以及其他相关功能。

7.4.3 任务思路：

（1）注册站长工具平台账户：访问站长工具官网并完成注册流程，创建自己的账户。

（2）登录站长工具平台：使用已注册的账户登录站长工具平台。

（3）导航到 SEO 实时监控功能：在站长工具平台的导航栏或菜单中找到 SEO 实时监控功能，并点击进入。

（4）添加网站：在 SEO 实时监控界面中，点击添加网站或类似的按钮。

（5）输入网站信息：按照提示，在相应的输入框中输入自己的网站信息，包括网址、关键词等。确保准确填写相关信息。

（6）确认添加：完成网站信息的填写后，确认添加网站。

（7）添加竞争对手网站：在 SEO 实时监控界面中，找到添加竞争对手网站的选项或功能，并点击进入。

（8）输入竞争对手网站信息：根据提示，在相应的输入框中输入竞争对手的网站信息，包括网址等。

（9）确认添加竞争对手网站：完成竞争对手网站信息的填写后，确认添加竞争对手网站。

（10）熟练使用 SEO 实时监控功能：浏览站长工具平台的 SEO 实时监控功能，熟悉各项数据指标的显示和操作，了解如何查看自己网站和竞争对手网站的实时监控数据。

7.4.4 任务演示：

第一步：注册并登陆站长工具。

打开浏览器输入 https：//tool. chinaz. com/打开站长工具，点击右上角登录/注册，注册并登陆账号。如图 7－5。

图 7－5

第二步：打开 SEO 实时监控。

点击导航 SEO 优化→SEO 实时监控，点击即可进入 SEO 监控工具。如图 7－6。

图 7－6

第三步：添加网站。

进入 SEO 监控工具页面后，点击添加或进行域名管理，即可添加需要监控的网站。如图 7－7。

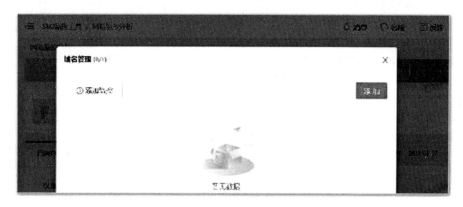

图 7－7

第四步：竞品分析。

点击左侧导航竞品分析，可以添加多个竞争对手进行多维度的竞争对手分析。如图 7－8。

图 7－8

7.4.5 任务实施：

完成平台注册、代码嵌入、监控参数设置等工作。

7.4.6 任务拓展：

（1）添加三个竞争对手网站与自身网站进行竞品分析，找出自身网站存在的问题和差距。

（2）以关键词为例说明竞品分析有什么作用。

7.5 思政小课堂：

7.5.1 分享案例：

数字中国建设与网络安全：从法规到实践的全面保障

2023 年在中共中央、国务院印发的《数字中国建设整体布局规划》中，数字安全屏障和数字技术创新体系并列为强化数字中国的"两大能力"，彰显了安全在建设数字中国中的底板作用。早在 2021 年我国已经颁布了《中华人民共和国数据安全法》和《中华人民共和国个人信息保护法》，其目的是筑牢可信可控的数字安全屏障，切实维护网络安全，完善网络安全法律法规和政策体系，增强数据安全保障能力，建立数据分类分级保护基础制度，健全网络数据监测预警和应急处置工作体系。

·国家反诈中心。

国家反诈中心是国务院打击治理电信网络新型违法犯罪工作部际联席会议合成作战平台，集资源整合、情报研判、侦查指挥为一体，在打击、防范、治理电信网络诈骗等新型违法犯罪中发挥着重要作用。

2021 年 4 月以来，国家反诈中心直接推送全国预警指令 4067 万条，各地利用公安大数据研判预警线索 4170 万条，成功避免 6178 万名群众受骗。会同相关部门加大技术反制力度，升级优化拦截系统，建立快速动态封堵机制，完善止付冻结工作机制，成功拦截诈骗电话 19.5 亿次、短信 21.4 亿条，封堵涉诈域名网址 210.6 万个，紧急止付涉案资金 3291 亿元。

• 电影《孤注一掷》。

该片以境外网络诈骗为主题，通过真实展示诈骗工厂的黑暗面和受害者的苦楚，引发了观众对网络诈骗问题的关注。电影为观众提供了深入了解网络诈骗的契机，在电影的启发下，大家应当加强网络诈骗教育和宣传，普及相关知识，向大众传递正确的防范意识和方法。借助宣传片、讲座等形式，唤起社会共识，共同筑起抵御网络诈骗的坚实防线。

国家反诈中心和中国电信防范治理电信网络诈骗的相关案例展示了信息安全技术和防御手段的重要性。全社会应当推动科技创新，研发更加先进的信息安全技术，提供更好的保护措施。同时，大家也需要学习并运用这些技术和工具，提高自身的信息安全意识，警惕诈骗的存在，提升数字中国建设意识和网络安全素养，提高学生的创新意识和能力，为未来的数字中国建设和网络安全保障打下坚实的基础。

7.5.2 案例讨论：

请同学们谈谈自己对网络信息安全以及网络诚信的理解？

任务八：网站统计工具使用任务

8.1 任务描述：

随着网站 SEO 工作的不断推进和进行，网站的流量逐步上升。为了对这些数据进行全面的统计和分析，将数据整理成有条理、规范化和可视化的形式是至关重要的。通过使用相关的网站数据统计工具，我们可以有效地提供数据支持，为分析和决策提供有利的基础。因此，掌握各种网站数据统计工具的使用方法是搜索优化日常工作中不可或缺的能力。

8.2 知识准备

8.2.1 网站统计

网站统计是指通过专业的网站统计分析系统（或软件）对网站访问信息的记录和归类，以及在此基础上的统计分析，如网站访问量的增长趋势图、用户访问最高的时段、访问最多的网页、停留时间、用户使用的搜索引擎、主要关键词、来路、入口、浏览深度、所用语言、时区、所用浏览器种类、时段访问量统计分析、日段访问量统计分析以及周月访问量统计分析等网站访问数据的基础分析。网站统计为网站收集用户信息、用户群体、加强沟通，提高和改进网站建设具有重要意义。

8.2.2 网站统计工具

统计工具一般可以分为两种类型：基于在页面数据的统计代码和基于原始日志文件的分析工具。

基于在页面数据的统计代码：这种统计工具的使用方式是将统计代码嵌入到网站的页面中，通常放置在模板文件的底部。当用户访问网站时，统计代码会捕捉用户的访问信息，并将这些信息写入到流量分析软件服务商的数据库中进行数据分析。常见的基于在页面数据的统计平台包括友盟（CNZZ）、百度统计、51la 和 Google Analytics 等。

基于原始日志文件的分析工具：这类统计工具直接对网站的原始日志文件进行分析，而不需要在页面中嵌入统计代码。这种工具将日志文件作为输入，进行数据统计和分析。这些统计软件可以安装在服务器上，也可以在个人电脑上运行。常见的日志分析统计工具包括 AWStats 等。如图 8-1。

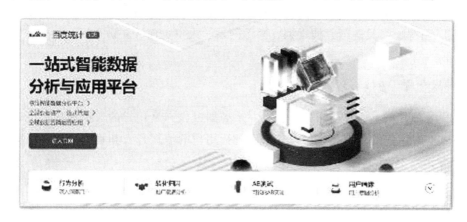

图 8-1

在本任务中，以百度统计为案例进行介绍。百度统计是一种基于页面数据的统计工具，它提供了网站概况查看、流量分析、来源分析、访问分析、转化分析和访客分析等六大功能。通过百度统计，网站运营人员可以查看网站的整体情况，分析网站的流量来源、访问行为以及转化率等重要指标，从而评估网站的效果和优化如图 8-2。网站的运营策略。

8.2.3　网站概况

图 8-2

网站概况主要提供网站的整体运营情况，帮助我们实时掌握网站流量动态。网站概况报告主要包括两个部分：

（1）今日流量：提供网站今日、昨日、预计今日的关键流量指标，主要有 PV、UV、IP 数、跳出率、平均访问时长、转化次数。其中预计今日指标后的箭头表示当前的上升和下降趋势。

（2）不同时间段的热门来源、热门搜索词、地域分布、访客属性等。

· 时间趋势：不同指标的数据趋势，以及与前一时间周期的对比情况。

· top10：关键词、搜索词、来源网站、入口页面、受访页面。

· 新老访客比例、访客属性、地域分布。

8.2.4 流量分析:

流量分析主要提供网站每日和一个周期以内网站用户的数据情况，可以看到实时用户的数据，也可以按时间进行用户的数据查看和趋势展示。如图8－3。

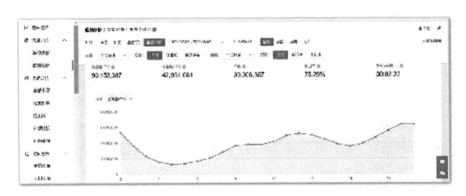

图 8－3

（1）实时访客：能为用户提供访问网站的最近 20000 条访客信息，帮助公司了解实时的访客行为，及时根据访客特征优化网站。可以查看每一位访客的详细信息，如地域、IP、访问设备、访问轨迹等，也可以筛选特定类型的访客，如查看某个地域、某个 IP 的访客信息。

（2）趋势分析：为公司提供了基于时间序列的数据趋势分析，还可选择任意两段时间的数据进行比较，方便公司依据网站实际业务指定目标值，划定时间范围，选择观察指标的变化情况。时间维度的查看方式有按小时、按天、按周、按月。网站基础指标：浏览量（PV）、浏览量占比、访问次数、访客数（UV）、新访客数、新访客数比率、IP 数；网站质量指标：跳出率、平均访问时长、平均访问页数；转化指标：转化次数、转化率。

8.2.5 来源分析：

来源分析可以看到到访网站的用户是通过什么渠道，如直接访问、搜索引擎、外部链接等，以何种方式进入网站，到达网站的时间段，如果是通过搜索引擎还可以查看是通过哪些搜索词。如图 8—4。

图 8—4

（1）全部来源：可以了解网站上流量的来源分布情况，主要包括直接访问、搜索引擎和外部链接等，帮助分析哪些来源给网站带来了更多有效访客，从而合理规划网络推广渠道。全部来源主要包括直接访问、搜索引擎、搜索词、外部链接、站内访问、指定广告跟踪等。

（2）搜索引擎：可以帮助公司了解不同搜索引擎给网站带来的流量情况。根据各搜索引擎给网站带来的流量数据，可以及时了解到哪种搜索引擎能够给网站带来更多访客，以及哪种搜索引擎带来的访客更关注我们的网站，这样公司可以将更多资源分配到能够给网站带来更多访客且访客关注度更高的搜索引擎；对于带来较少访客或者访客关注度不高的搜索引擎，可以结合业务背景进一步分析原因，并不断提高这些搜索引擎带来的流量及流量质量，以避免盲目地降低投入导致潜在客户的流失。

（3）搜索词：提供了用户在各种搜索引擎上使用的搜索词以及这些搜索词给公司网站带来的流量情况。通过该报告，可以得到以下信息：

· 网民通常通过哪些搜索词找到网站。

· 哪些搜索词可以给网站带来更多的访客。

· 哪些搜索词给网站带来的访客成为客户的可能性更高。

· 网民更关注哪些业务内容。

· 通过报告中的搜索词，公司可以及时了解网民在不同阶段关注的主要信息，并可以根据这些信息制定产品或服务策略，以便抓住最好的业务推广时机。

8.2.6 访问分析：

访问分析，可以了解用户在网站访问了多少页面，用户最关注哪些页面，哪些页面的吸引力较低，在这些页面停留了多长时间，可以帮助公司了解用户最为关注哪些内容，哪些内容最具有吸引力。如图8－5。

图8－5

（1）受访页面报告提供了访客对网站内各个页面的访问情况数据。通过这个报告，可以获得以下一些信息：

访客进入网站后通常首要访问和次要访问的页面是哪些，这些页面是访客形成对网站第一印象的重要页面，对于访客是否继续关注网站以及最终是否选择产品或服务起着决定性的作用。可以从界面美观性、操作方便性、内容专业性等多方面提升这些页面质量，以促使访客保持对网站的继续关注。

访客进入网站后对哪些页面最关心或者最感兴趣，通过这些页面，可以了解访客在网站上最关注的内容，并根据这些内容，及时地更新或调整页面信息与布局，以促进访客尽快地转化成为公司的客户。

了解访客浏览各个页面的停留时间一般是多久，通过页面停留时间，可以了解页面是否足够吸引访客；同时，也可以将停留时间作为页面设计的参考因素，以便让访客在有限的访问时间内尽可能获取更多的价值信息，从而进一步实现网站推广目的。

访客经常会在哪些页面离开网站，除了一些特殊页面（例如支付完成、注册完成页面等）的退出率高是正常现象外，其他页面的退出率高说明页面可能存在一定的问题，例如：页面打开慢或者页面显示出错等等。对于退出率高的页面，需要及时地明确原因，以免丢失可能的商机。

页面分析报告提供访客对网站各个页面的访问情况，重点从页面价值、入口页和退出页进行分析。页面价值分析：重点考量浏览量、贡献下游浏览量和平均停留时长；入口页分析：重点考量浏览量和入口页次数；退出页分析：重点考量浏览量、退出页次数和退出率。

（2）入口页面：也称为着陆页（Landing page），是从外部（访客点击站外广告、搜索结果页链接或者其他网站上的链接）访问到网站的第一个入口，即每个访问的第一个受访页面。在入口页面报告中，可以重点从流量质量、新访客和转化三个维度进行分析。其中，流量质量分析重点考量访问次数、访客数、跳出率、平均访问时长、平均访问页数和贡献浏览量；新访客分析重点考量新访客数及其比率；转化分析重点考量转化次数和转化率。在访问入口报告中可以点击数据上方的 tab 快速切换查看这些指标。

8.2.7 转化分析：

转化是指用户在网站上完成的某项给公司带来收益的活动，如购买、注册、留言咨询等，当用户达成一次公司设定的目标，算作完成一次转化。提高转化率是提高网站投资回报率的最快方法，转化率提升 1% 意味着网站的运营更高效，会给公司的情况带来更多的收益。如图 8－6。

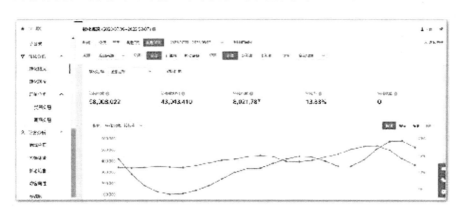

图 8－6

网站的转化可能是多方面的，并会随着公司发展而不断调整，常见的业务目标举例如下：

·获取客户：在线注册、创建账户等；

·增长收入：在线订单、付款成功等；

·沟通咨询：咨询、留言、电话等；

·互动行为：视频播放、加入购物车、分享等；

·百度统计可监控的转化类型包括页面转化、事件转化、时长转化、页数转化。

8.2.8 访客分析：

如图 8—7。

图 8—7

（1）地域分布：百度统计将根据访客的 IP 及百度高精度更新的 IP 地域划分表来判断访客所属地域。地域分布提供了各个地域给网站带来的流量数据，这些数据可以帮助公司合理地分配各地区的在资源投入和有针对性地制定业务推广策略；

（2）系统环境：系统环境报告提供了访客在浏览网站时使用的各种系统环境及相应的流量数据。系统环境包括浏览器、操作系统、屏幕分辨率、屏幕颜色、FLASH 版本、是否支持 JAVA、语言环境、是否支持 Cookie、网络服务提供商等。通过这个报告，我们可以获得以下信息：

访客在浏览网站时经常使用的是什么系统环境；使用什么系统环境的访客在网站上停留的时间更长或者访问的页面更多；哪种系统环境我们之前还没有考虑过。获得这些信息后，我们可以更多地从技术功能方面去优化网站，从而进一步提升网站的吸引力及易用性，带来更高的访客转化率。

（3）新老访客：

新访客数：一天的独立访客中，历史第一次访问网站的访客数；

老访客数：今日之前有过访问且今日再次访问的访客，记为老访客。

（4）访客属性：通过自定义变量，可以提供自定义的访客群体的网站访问状况，包括这个群体的网站访问次数、平均访问页数、跳出率等指标，帮助公司了解这个访客群体在网站的访问情况。

（5）忠诚度：忠诚度报告体现了访客对网站的访问深度、回访以及访问频次情况，帮助公司更好地了解访客对网站的黏性，尤其在对网站内容进行修改后，可以通过该报告了解到网站吸引力是否有所提升。可以从访问页数、访问深度、访问时长、上次访问时间和访问频次多个维度进行分析。

通常，访客忠诚度可能受以下一些因素影响：

网站内容：丰富的网站内容和内容展现形式通常能够激发访客的兴趣并且提升访客对网站的信任度，如果网站内容单一，则无法吸引访客继续地关注。

网站结构：每个访客进入网站后都有自己所关注的内容，如果网站缺乏清晰的导航，访客通常会因为不能迅速找到需要的内容而离开。

推广介绍信息与实际网站内容的一致：很多访客通常是看到推介信息而进入的网站，但如果访客进入网站后实际看到的信息与预期不符，通常会马上放弃对网站的继续访问。

8.3 实训任务：统计工具安装

8.3.1 任务描述：

注册百度统计账号，将统计代码安装至企业网站，并确定代码已经执行成功，可以开始数据收集并进行数据统计。

8.3.2 任务目标：

掌握网站统计代码的安装和使用。

8.3.3 任务思路：

（1）前往百度统计官网，并进行账号注册。

（2）登录百度统计账号，创建一个新的网站统计项目。

（3）在项目设置中获取统计代码，包括 JavaScript 代码片段。

（4）打开企业网站的后台管理系统或源代码文件，找到所有网页的通用页脚部分。

（5）将获取到的统计代码粘贴到通用页脚部分的适当位置。

（6）保存并发布企业网站的更新，确保统计代码已经生效。

（7）返回百度统计，确认统计代码是否成功执行，可以通过实时访问数据或日志记录来验证。

（8）掌握百度统计的基本功能和使用方法，例如查看网站流量、访客行为分析等。

（9）开始收集并统计网站数据，定期进行数据分析和报告生成。

（10）建立良好的数据收集和分析习惯，以优化企业网站的运营和效果。

8.3.4 任务演示：

第一步：注册百度统计并登录。

打开浏览器输入 https：//tongji. baidu. com/打开百度统计官网，点击右上角登录→注册，按照要求填写注册信息完成注册成为百度商业产品用户，回到百度统计官网进行登录后进入开通步骤，勾选同意选项点击确认。如图 8－8。

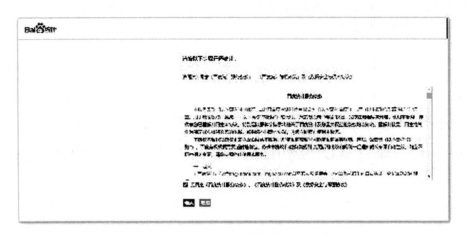

图 8－8

第二步：添加网站。

首次确定开通后，会进入网站列表界面，点击右侧新增网站，按要求输入网站域名、网站首页、网站名称、行业类别和验证码后点击确定，即可进入获取代码页面。如图 8－9。

图 8-9

第三步：获取统计代码。

获取代码页面可以通过点击导航，使用设置→获取代码，点击复制代码按照代码安装说明进行安装。如图 8-10。

图 8-10

第四步：代码安装。

进入网站后台管理系统，点击左侧导航　模块→辅助插件→文件管理器，进入网站模板文件夹，打开页头模板 header. htm，将复制的统计代码添加到</head>标签前（有移动端 header_m. htm 的也需要添加），然后点击生成→一键更新网站→更新所有，对网站进行更新即可。如图 8-11。

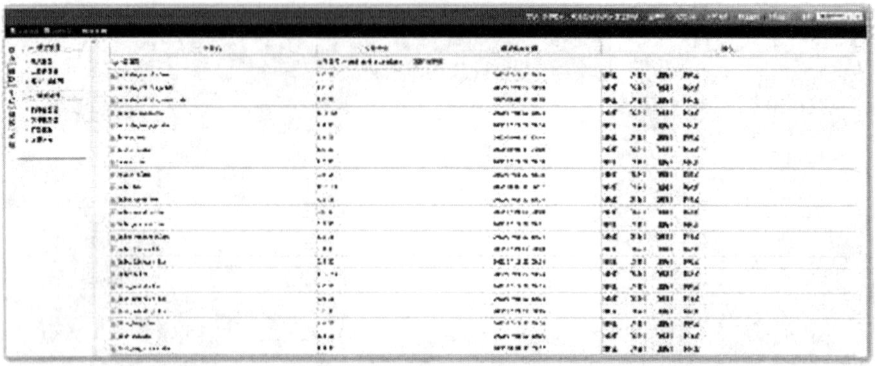

图 8—11

如若是使用 FTP 工具访问网站文件，操作方式同上。

第五步：代码检查。

代码检查页面可以通过点击导航　使用设置→代码检查，系统会自动对安装代码进行检测。正确安装统计代码后，一般 20 分钟左右后即可以查看到统计数据。如图 8—12。

图 8—12

8.3.5　任务实施：

完成一次网站的百度统计正确安装，并获取网站数据。

8.3.6 任务拓展：

1. 举一反三，能够应用友盟（CNZZ）或 51la 统计工具到网站中。

2. 了解日志分析统计工具 AWStats 的使用方法。

8.4 思政小课堂

8.4.1 分享案例：

长江存储：创新 3D NAND 技术的中国路线。

长江存储作为中国存储技术的领头羊，与中科院微电子所、清华大学、复旦大学、上海微系统所等国内顶级科研机构签署了 IP 联合授权协议，合作开发基于中科院微电子所专利技术的 3D NAND 技术。通过合作，长江存储成功创新出了 Xtacking 技术架构，走出了先进的 3D NAND 中国路线和中国方案。

· 长江存储的技术突破与弯道超车。

长江存储成立于 2016 年，面对中国内存芯片自给率为零的局面，长江存储依靠自主研发的 Xtacking 技术，成功实现了 "弯道超车"。这项技术为 3DNAND 闪存带来了前所未有的 I/O 高性能、更高的存储密度和更短的产品生产周期。通过跳过 96 层堆叠技术，长江存储成功地进入到了目前的 128 层堆叠技术阶段。

具体来说，长江存储的 Xtacking 技术在闪存领域掀起了一场革命。Xtacking 技术通过垂直堆叠多层芯片并采用垂直通道连接，实现了高速数据传输和大容量存储的双重突破。这项技术不仅提升了闪存芯片的性能和容量，更为长江存储赢得了闪存市场的竞争优势。

· 长江存储打破内存定价权的意义。

长江存储发布的 128 层 QLC3DNAND 闪存的问世意味着中国厂商终于打破了长期以来受美、日、韩把控的内存定价权。目前，中国是全球最大的内存需求国之一，每年进口内存芯片数额惊人。然而，随着长江存储等国内厂商技术突破的实现，中国厂商有望减少对于进口内存芯片的依赖，实现内存自给自足。

长期以来，国内厂商受制于国外厂商的技术垄断和市场规模优势，往往处于被动地位，内存产品定价受制于他国。然而，国产内存的崛起将打破这一局面。中国厂商一旦实现了技术突破，从零到十的进展速度必将加快，而这将为内存市场带来新的格局变化。不仅如此，国产内存的发展还将促进内存领域的竞争，进一步推动技术创新和产品性能的提升。

国产内存在技术突破和市场份额扩大的推动下，正向着更加广阔的发展前景迈进。首先，国产内存的崛起将使中国的半导体产业链更加完整和自主。目前，中国半导体产业仍然存在着对外依赖的问题，特别是在核心技术和高端芯片方面。然而，国产内存的崛起将为中国的半导体产业链提供宝贵的补充，使其更加完整，提升整体竞争力。

国产内存的发展将推动中国半导体产业的国际化进程。随着技术突破和市场份额的扩大，中国厂商将拥有更多的话语权和竞争力。这将催生更多的国内外合作机会，促进国际间技术和资源的交流与合作，加速中国半导体产业由大国向强国的跃升。

国产内存的崛起将带来经济效益和社会效益的双重收益。一方面，国产内存的发展将带动相关产业链的发展，为整个经济注入新的动力。另一方面，国产内存的成功将增加科技自主创新的信心，激发年轻人投身科技创业的热情，推动国家科技实力的提升。

8.4.2　案例讨论：

请同学们谈谈重出技术封锁，完成技术突破对国家行业发展和产业复兴的意义？

任务九：网站数据分析任务

9.1 任务情境

数据分析在网站优化工作中扮演着重要角色。通过掌握前一年的数据统计工具的使用，能够评估网站运营工作的有效性，了解是否达到预期目标，并为后续工作的策略改进提供参考和支持。数据分析涉及多个指标，每个指标都具有深层次的重要价值，直接反映了日常工作的成效。

9.2 知识准备

在网站分析中，我们需要了解多个数据指标，并将其作为后续业务调整的依据。这些指标涵盖了网站运营的各个方面，以帮助站长全面了解访客情况并优化网站。常见的指标可归纳为三类：流量数量指标、流量质量指标和流量转化指标。

9.2.1 流量数量指标

（1）浏览量（PV）

如图 9—1。

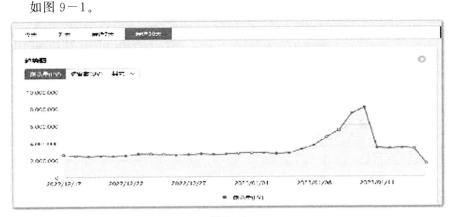

图 9—1

定义：页面浏览量即为 PV（Page View），用户每打开一个页面就被记录 1 次。

技术说明：一个 PV 即电脑从网站下载一个页面的一次请求。当页面上的 JS 文件加载后，统计系统才会统计到这个页面的浏览行为，有如下情况需注意：1. 用户多次打开同一页面，浏览量值累计。2. 如果客户端已经有该缓冲的文档，甚至无论是不是真的有这个页面（比如 JavaScript 生成的一些脚本功能），都可能记录为一个 PV。但是如果利用网站后台日志进行分析，因为缓存页面可能直接显示而不经过服务器请求，那么不会记录为一个 PV。

涵义：PV 越多说明该页面被浏览得越多。PV 之于网站，就像收视率之于电视，已成为评估网站表现的基本尺度。

（2）**访客数（UV）**

如图 9－2。

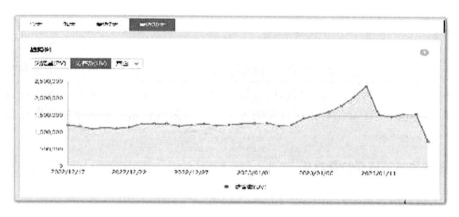

图 9－2

定义：访客数（UV）即唯一访客数，一天之内网站的独立访客数（以 Cookie 为依据），一天内同一访客多次访问网站只计算 1 个访客。

技术说明：当客户端第一次访问某个网站服务器的时候，网站服务器会给这个客户端的电脑发一个 Cookie，记录访问服务器的信息。当下一次再访问服务器的时候，服务器就可以直接找到上一次它放进去的这个 Cookie，如果一段时间内，服务器发现两个访次对应的 Cookie 编号一样，那么这些访次一定就是来自一个 UV 了。

涵义：唯一访客数（UV）是访客维度看访客到达网站的数量。

（3）**新访客数**

定义：一天的独立访客中，历史第一次访问网站的访客数。

涵义：新访客数可以衡量营销活动开发新用户的效果。

（4）新访客比率

如图9－3。

图9－3

定义：新访客比率＝新访客数/访客数。即一天中新访客数占总访客数的比例。

涵义：整体访客数不断增加，并且其中的新访客比例较高，能表现网站运营在不断进步。就像人体的血液循环一样，有新鲜的血液不断补充进来，充满活力。

（5）IP数

如图9－4。

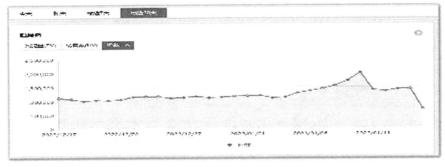

图9－4

定义：一天之内，访问网站的不同独立 IP 个数相加之和。其中同一 IP 无论访问了几个页面，独立 IP 数均为 1。

涵义：从 IP 数的角度衡量网站的流量。

9.2.2 流量质量指标

（1）跳出率

如图 9—5。

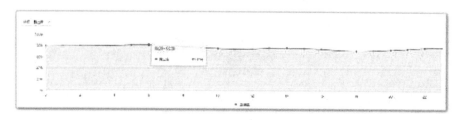

图 9—5

定义：只浏览了一个页面便离开了网站的访问次数占总的访问次数的百分比，即只浏览了一个页面的访问次数/全部的访问次数汇总。

涵义：跳出率是非常重要的访客黏性指标，它显示了访客对网站的兴趣程度：跳出率越低说明流量质量越好，访客对网站的内容越感兴趣，这些访客越可能是网站的有效用户、忠实用户。该指标也可以衡量网络营销的效果，指出有多少访客被网络营销吸引到宣传产品页或网站上之后，又流失掉了，可以说就是煮熟的鸭子飞了。比如，网站在某媒体上打广告推广，分析从这个推广来源进入的访客指标，其跳出率可以反映出选择这个媒体是否合适，广告语的撰写是否优秀，以及网站入口页的设计是否用户体验良好。

（2）平均访问时长

如图 9—6。

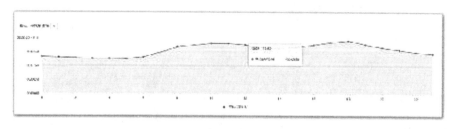

图 9—6

定义：平均每次访问在网站上的停留时长，即平均访问时长等于总访问时长与访问次数的比值。

涵义：平均访问时间越长则说明访客停留在网页上的时间越长；如果用户对网站的内容不感兴趣，则会较快关闭网页，那么平均访问时长就短；如果用户对网站的内容很感兴趣，在网站停留了很长时间，平均访问时长就长。

（3）平均访问页数

定义：平均每次访问浏览的页面数量，平均访问页数＝浏览量/访问次数。

涵义：平均访问页数越多说明访客对网站兴趣越大。而浏览信息多也使得访客对网站更加了解，这对网站市场信息的传递，品牌印象的生成，以及将来的销售促进都是有好处的。一般来说，会将平均访问页数和平均访问时长这两个指标放在一起分析，进而衡量网站的用户体验情况。

9.2.3 流量转化指标

（1）转化次数

如图9－7。

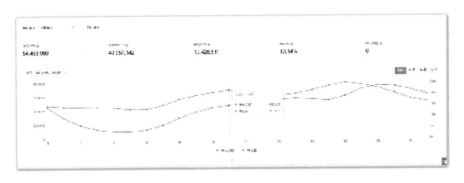

图9－7

定义：访客到达转化目标页面，或完成网站运营者期望其完成动作的次数。

涵义：转化就是访客做了任意一项网站管理者希望访客做的事。与网站运营者期望达到的推广目的和效果有关。

（2）转化率

定义：转化率＝转化次数/访问次数。

涵义：转化率即访问转化的效率，数值越高说明越多的访次完成了网站运营者希望访客进行的操作。

9.3 实训任务：关键词分析

9.3.1 任务描述：

A 企业网站经过一系列搜索引擎优化任务后，每天的流量有所增加。为了确定优化工作的有效性，需要对带来流量的关键词进行统计，以明确哪些关键词对流量的贡献有效，哪些关键词无效。这样可以帮助企业更好地了解流量来源和关键词的效果，从而优化后续的搜索引擎优化策略。

9.3.2 任务目标：

（1）能够通过数据统计工具找到搜索词报告并下载。
（1）将实际获得的数据和原定计划进行比对，确定运营效果。

9.3.3 任务思路：

（1）使用所选的数据统计工具（例如 Google Analytics）登录企业网站的账户。
（2）导航到报告或分析功能中的搜索词报告部分。
（3）选择合适的时间范围，以便获取有代表性的数据。
（4）下载或导出搜索词报告，以便进一步分析。
（5）使用电子表格软件（如 Microsoft Excel）打开下载的报告文件。
（6）清洗数据，删除重复、无效或不相关的关键词条目。
（7）根据流量数据，对关键词进行排序，识别出对流量贡献较高的关键词。
（8）将获得的数据与原定的优化计划进行比对，评估优化工作的效果。
（9）根据评估结果，确定哪些关键词对流量的提升有积极影响，哪些关键词需要进一步优化或调整。
（10）基于评估结果，制定后续的搜索引擎优化策略，包括调整关键词策略、改进网站内容等。

9.3.4 任务演示：

第一步：登录百度统计账号。
打开浏览器输入 https://tongji.baidu.com/打开百度统计官网，点击右上角登录，输入账号密码进行登录。如图 9—8。

图 9－8

第二步：查看搜索词报告。

点击左侧导航　来源分析→搜索词，即可看到搜索词给网站带来的流量情况。如图 9－9。

图 9－9

第三步：指定属性。

在搜索词页面，也可以通过设定时间、设备、搜索引擎和访客等属性，来选择企业管理想要指定获得的数据。如图 9－10。

图 9－10

第四步：下载搜索词报告。

在搜索词页面，点击右侧"下载"按钮，会弹出下载报告：搜索词的文件类型选择，可以选择 PDF 格式（图文并茂，阅读时需 pdf 相应软件，单次最多支持 500 条数据下载），也可以选择 CSV 格式（不含图示，支持较大量数据，便于后期数据处理，可以直接用 excel 表格打开），选择格式后点击下载，会显示报告生成中，可能需要等待 30 秒到 5 分钟，等待下载完成即可打开使用。如图 9－11。

图 9－11

第五步：分析搜索词报告

打开已经下载好的搜索词报告。如图 9－12。

图 9－12

查看不同关键词带来的浏览量、访客数和 IP 数，结合在运营过程中各关键词的推广力度，可以看到各关键词的具体表现。如图 9－13。

	检索词	浏览量(PV)	访客数(UV)	IP数	跳出率	平均访问时长
	总计	1072312	735419	735750	38.50%	00:01:45
1	百度数据统计	62194	46208	46272	34.06%	00:01:52
2	百度统计代码	24309	7726	7723	47.03%	00:02:14
3	网站统计	16493	8954	8953	71.3%	00:01:03
4	SEOTOOLKIT	15427	4281	4260	47.27%	00:03:35
5	百度统计工具	11850	2310	2830	7.61%	00:14:23
6	统一百度	10131	6492	6495	74.90%	00:01:53
7	百度统计gio	8489	6104	6150	70.10%	00:01:04
8	百度数据分析工具	7448	2481	2473	8.42%	00:11:23
9	j_baidu_push	6699	5531	5634	39.74%	00:01:49
10	百度数据研究中心	6690	5104	5108	37.07%	00:01:24
11	百度统计代码	6271	5329	5230	32.70%	00:01:52
12	百度统计	5938	3912	3911	39.85%	00:01:03
13	百度趋势	5226	3797	3797	79.48%	00:01:03
14	网站访客数	4817	1917	1928	47.00%	00:01:10
15	户访问	4738	1800	1850	46.00%	00:02:17
16	百度访客统计	3856	730	753	56.04%	00:01:23
17	页数统计	3447	2480	2481	62.29%	00:00:18
18	baidu_analytics	3500	2611	2611	31.16%	00:01:47
19	百度统计	3452	562	652	30.77%	00:00:33
20	百度统计工作示管理	3648	2617	2614	30.14%	00:01:11
21	百度统计账号	3230	2141	2140	32.02%	00:01:43
22	百度统计pv	3232	1952	1953	30.89%	00:01:50
23	网站流量统计软件	2983	1094	1224	28.78%	00:01:03
24	baidu流	2877	1463	1462	34.78%	00:01:03
25	百度统计api	2837	1160	1159	39.30%	00:00:59
26	百度统计怎么使用	2747	676	677	30.27%	00:00:49
27	百度热点统计	2751	815	813	46.12%	00:01:27
28	百度统计登录	3055	962	962	31.80%	00:01:22
29	网站访客统计	2506	751	751	93.71%	00:01:03
30	统一数据的网站	2484	1277	1278	30.79%	00:01:01
31	三数统计	1537	1845	1645	28.10%	00:01:43
32	百度统计	1775	1246	1245	73.08%	00:04:50
33	百度统计流量报表	1766	1278	1224	81.27%	00:01:03
34	百度统计开发平台	1725	1122	1122	75.86%	00:01:55
35	百度统计账号	1703	593	593	97.06%	00:01:55
36	百度趋势	1708	1077	1078	31.17%	00:01:37
37	百度数据分析	1208	296	295	19.80%	00:04:43
38	baidu统计	1301	1061	1052	33.40%	00:01:44
39	百度统计 新网网站	789	617	618	78.07%	00:01:03
40	页面访客	1132	1200	1259	30.04%	00:01:43
41	流量统计	1585	1437	1437	34.38%	00:01:54

图 9—13

9.3.5　任务实施

针对 A 企业网站某一个指标，完成网站数据分统计分析工作。

9.3.6 任务拓展

A 企业网站想要具体了解一下网站访客的具体属性，是否和预想的用户画像一致，需要获得网站访客的具体数据。

（1）能够通过数据统计工具找到用户属性的数据指标。

（2）熟悉访客分析能够提供用户分析的属性维度。

9.4 思政小课堂：

9.4.1 分享案例：

工匠精神与数字技术：先进制造的灵魂融合。

2023 年 6 月 7 日，全国职工数字化应用技术技能大赛决赛在福建省福州海峡国际会展中心开幕。大赛开幕式将数字元素、工匠元素、福州元素与舞台艺术深度融合，以充满创新科技多维空间的动感画面，展现工匠们精益求精、勇于创新的形象。

· 工匠精神：追求卓越，精益求精。

从焊枪到焊接机器人，从平面图纸到 3D 建筑模型，从电塔上的安全绳到巡检无人机，数字技术为工匠赋能，不断刷新技术技能的内涵，但工匠们身上呈现的奋斗品质和精神追求却始终如一。

"炼"成极致焊接技术，陈照春靠的是反复翻阅书籍、反复试焊组对、反复精细调教；征服数字世界，王小颖靠的是 99％的努力加上 1％的幸运；穿越层峦叠嶂，陈尉靠的则是近 3000 个日夜的巡检积累的飞行经验……这些修炼数字技能的故事穿越时空，与老一辈劳动模范、技术能手"心之所向，无问西东"的奋斗故事彼此相通，也为"执着专注、精益求精、一丝不苟、追求卓越"的工匠精神增添了时代注解。

· 数字技术：机遇与挑战并存。

近年来，数字经济飞速发展，以物联网、人工智能、云计算等新兴产业为代表的先进智能科技与制造业相融合，为制造业补齐短板、突破创新、打响品牌提供了新的"起跳板"。本次大赛，正是要以赛促训以赛提技，充分发挥职业技能竞赛练兵、交流、示范、激励的作用，激发蕴藏在广大职工中的聪明才智，使他们在强国建设、民族复兴新征程中充分发挥主力军作用。

腾讯董事会主席兼首席执行官马化腾表示，过去 20 年是全球互联网与科技行业发展的黄金期，中国互联网行业获得了高速发展，在全球新一轮科技与产业革命的推动下，我国正在面临一场前所未有的数字化变革。但数字化进程都不可能一步到位，它需要我们发扬"数字工匠精神"，打磨每一个细节，而不是热衷概念炒作；也需要我们帮助更多的人跨过数字鸿沟，把数字产品和服务做好"向下兼容"，带动弱势群体、老少边穷地区分享数字红利。

我国是全球第二大数字经济体，截至 2022 年，数字经济规模超 50.2 万亿元，占国内生产总值的 41.5％。但当前"数字工匠"的培养与产业发展要求相比还存在较大差距，作为新时代的大学生，应该积极适应数字经济发展的要求，多学习、多钻研，在提升技能的同时提升自己的职业素养和职业操守，不断向老师请教，在实践中不断的磨练技能，培养数字工匠精神，为数字中国、网络强国建设提供人才支撑。

9.4.2　分享讨论：

请同学们谈谈自己该如何应对未来的机遇和挑战？

任务十：网站数据统计报告制作

10.1 任务情境

经过一段时间的网站内容建设和外链发布工作，企业网站积累了大量的访问数据和用户行为信息。现在，A企业网络部需要进行网站数据统计报告的制作。这份报告将对网站的访问量、用户行为、流量来源等数据进行分析和总结，为企业提供有效的运营决策和优化方向。

10.2 知识准备

10.2.1 数据指标

数据指标是用来衡量网站运营和用户行为的量化指标。它们提供了对网站访问量、用户活动和交互行为的度量，帮助我们了解网站的表现、用户喜好和改进方向。以下是一些常见的数据指标的详细解释：

访问量（Visits/Pageviews）：指网站在特定时间内的访问次数或页面浏览次数。访问量可以用来评估网站的受欢迎程度和流量情况。

独立访客（Unique Visitors）：指在特定时间内访问网站的唯一个体数量。独立访客用来评估网站的受众范围和用户数量。

新访客数：在一天的独立访客中，历史首次访问网站的访客数。新访客可以用来衡量网站营销活动开发新用户的效果。如图10—1。

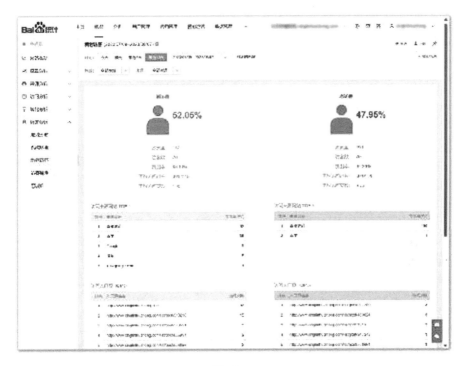

图 10-1

网站数据概况如图 10-2：

页面浏览量（Pageviews）：指网站页面被访问的总次数。页面浏览量可以用来评估用户对网站内容的兴趣和浏览行为。

跳出率（Bounce Rate）：指访问网站后在短时间内离开的比例。较高的跳出率可能表示用户对网站内容不感兴趣或不满意。

平均访问时长（Average Visit Duration）：指用户在网站停留的平均时间。平均访问时长可以评估网站内容对用户的吸引力和留存能力。

转化：指用户在网站上完成了某项网站管理者设定的目标或给网站带来收益的活动。转化可以通过不同的方式进行评估，例如注册、留言咨询、购买，或者判断访客是否到达目标页面、是否完成特定事件、在网站上停留的时间长短或访问的页面数量等。

转化次数：指访客在网站上到达了网站运营者期望的目标页面或完成了他们希望访客进行的特定动作的次数。

图 10－2

访客来源（Traffic Sources）：指访问网站的用户的来源渠道，例如搜索引擎、社交媒体、直接访问、访问设备（计算机或移动设备）等。访客来源可以帮助我们了解哪些渠道为网站带来了流量和用户。如图 10－3。

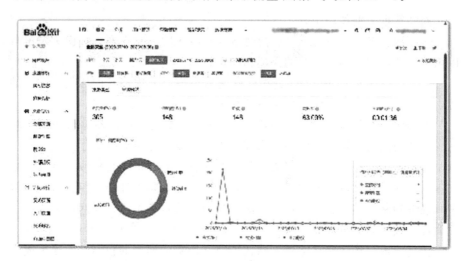

图 10－3

地域分布：网站访客的地域分布通常采用可视化图表形式，可以直观地展示网站访客在全国各省市的分布情况。如图 10－4。

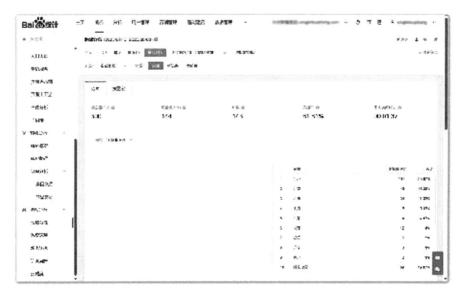

图 10－4

转化率（Conversion Rate）：指网站上期望的目标完成率，例如提交表单、购买产品等。转化率可以用来评估网站的营销效果和用户转化能力。

$$转化率=\frac{转化次数}{访问次数}$$

新访客比率：指一天中新访客数目占总访客数目的比例。当整体访客数目不断增加且其中的新访客数目的比例比较高时，能够反映出网站运营在不断地进步。

$$新访客比率=\frac{新访客数}{访客数}$$

受访页面（Top Pages）：指用户访问过的网站页面。了解受访页面可以帮助我们了解网站主要流量来源是哪几个页面，以及哪些内容受到用户的关注和访问。如图 10－5。

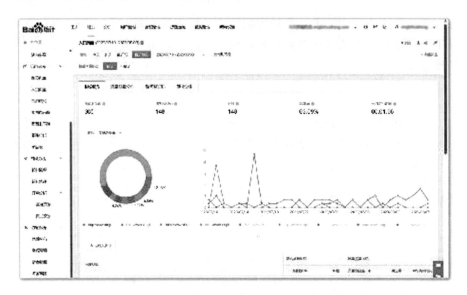

图 10－5

入口页面：也称为着陆页（Landing page），指用户从外部（站外广告、搜索结果页链接或者其他网站上的链接）访问到网站的第一个入口，即用户访问第一次访问网站时进入的网站页面。如图 10－6。

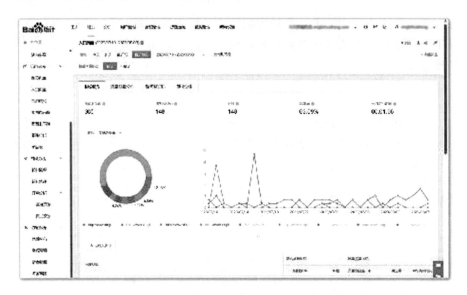

图 10－6

转化路径：路径是指访客在抵达设置的目标页面之前所经过的一系列中间页面，转化是指潜在客户完成一次期望的行动，与网站推广目的和对推广效果的定义密切相关。

10.2.2　数据分析技巧

掌握基本的数据分析技巧是网站运营和数据分析的重要能力之一。以下是一些常见的数据分析技巧，可以帮助各位根据数据指标和趋势进行分析和解读，发现潜在的问题和机会：

（1）比较和趋势分析：对比不同时间段的数据指标，如访问量、页面浏览量、跳出率等，以发现变化趋势和波动情况。比较分析可以帮助您了解网站的发展趋势和变化，发现异常情况和改进机会。

（2）分段分析：将访问者细分为不同的群体或行为特征，并对其进行分析。例如，将访问者按地理位置、设备类型、来源渠道等进行分组，并比较不同分组的数据指标，以了解不同用户群体的行为和偏好。

（3）受访页面分析：分析网站的受访页面，了解哪些页面受到访问者的关注和兴趣。可以根据受访页面的数据指标，如浏览量、停留时间等，确定受欢迎的内容，优化网站结构和内容布局。

（4）用户行为路径分析：追踪和分析用户在网站上的行为路径，了解用户的浏览流程和转化路径。可以通过用户行为路径分析，发现用户在网站上的行为瓶颈和流失点，并进行优化和改进。

表 10－1　　　　　　　　　　　用户行为路径分析

用户行为轨迹	用户的网站行为	网站分析指标
认知	网站访问	IP、PV、访问来源等
熟悉	网站浏览	平均访问时长、跳出率等
试用	用户注册	注册用户数、注册转化率等
使用	用户登录、用户订购	登录用户数、访问登陆比、订购量、订购频次
忠诚	用户黏性、用户流失	回访者比率、访问深度、用户流失数、流失率

（5）转化率分析：对网站的转化率进行分析，了解用户完成目标行为的效果和效率。可以根据转化率的分析结果，优化网站的页面设计、内容布局和用户体验，提高用户的转化率和目标完成率。

（6）A/B测试：通过对比不同版本的网站页面或元素，进行实验和测试，以确定哪种设计或内容更能吸引用户和提高转化率。A/B测试可以帮助公司验证和优化网站的设计和营销策略，基于数据结果做出决策。

（7）数据可视化：使用图表、图形和报表等数据可视化工具，将数据指标可视化呈现，以便更直观地理解和解读数据。数据可视化可以帮助经营者快速识别趋势、关联和异常情况，促进数据分析和决策的效率。

10.2.3 报告撰写能力

报告撰写能力是在数据分析和决策过程中非常重要的技能。一个好的报告能够清晰地传达分析结果和洞察点，帮助他人理解数据，并支持有效的决策。以下是一些关键的要点，可以帮助经营者提升报告撰写能力：

（1）结构清晰：一个好的报告应该有清晰的结构，包括引言、目的和背景介绍、数据分析和解读、结论和建议等部分。通过合理的结构，读者可以快速了解报告的内容和目的。

（2）简明扼要：报告应该言简意赅，避免冗长和废话。使用清晰简洁的语言，将分析结果和洞察点直接传达给读者，不要过多使用专业术语或复杂的句子结构。

（3）数据可视化：使用图表、图形和表格等数据可视化工具，将分析结果以直观的方式展示出来。图表和图形能够更好地传达数据趋势和关联，使读者更容易理解和记忆报告的内容。

（4）合理解释和解读：在报告中，解释和解读数据是非常重要的环节。不仅要陈述数据结果，还要对其进行解释和分析，帮助读者理解数据背后的含义和影响。

（5）提供具体建议：报告的结论部分应该提供具体的建议和行动计划，以支持基于数据的决策和改进措施。建议应该基于数据分析的结果，具有可行性和实施性。

（6）注意格式和排版：报告的格式和排版应该整齐、统一，并遵循相应的规范。使用清晰的标题和子标题，使用适当的字体和字号，确保报告的可读性和专业性。

（7）审查和校对：在提交报告之前，务必进行仔细的审查和校对。检查语法、拼写和标点符号等错误，并确保报告的逻辑性和连贯性。

（8）数据可视化工具：熟悉使用数据可视化工具，例如 Excel、PowerBi、Tableau 等，能够将数据转化为图表和图形，提高报告的可读性和直观性。

10.2.4 数据统计表

作为一名合格的 SEO 工作人员，每天定时监测和分析企业网站的数据变化是必不可少的。为了有效管理和评估网站的 SEO 表现，制定一个综合的网站数据统计表是非常重要的。

网站的 SEO 数据可以分为常规数据和流量数据，而流量数据又可以细分为用户体验数据和网站内部数据。下面是一份综合的网站数据统计表的内容：

（1）常规数据：

· PR 值/网站权重。

· 网站收录情况（增加和减少情况）。

· 网站外链数量。

· 高质量链接数量和定期检查。

· 网站快照更新频率和搜索引擎蜘蛛抓取频率。

· 各页面链接导出情况。

· 竞争对手数据记录和分析。

（2）用户体验数据：

· 网站页面访问量。

· 网站页面停留时间。

· 网站浏览深度。

（3）网站内部数据：

· 关键词搜索来源和访问比重。

· 用户访问深度情况。

· 用户地域比重。

· 用户浏览器和访问设备。

· 网站访问流量趋势。

· 网站热力图分析。

除了记录公司网站的常规数据，还需要记录竞争对手的相应数据。竞争对手需要记录的数据信息与本公司网站相同，以便进行对比和分析。

通过维护和更新这样一份综合的网站数据统计表，您可以全面了解网站的 SEO 表现和用户体验情况，发现问题并提供改进方案。这样的数据统计表不仅可以帮助公司监测网站的整体情况，还可以为 SEO 决策提供有力的支持。

10.2.5 关键词统计表

关键词统计表是用于记录和分析网站关键词的工具，旨在帮助 SEO 工作者跟踪和管理关键词的使用情况。这个表格通常包含以下列：

·关键词：列出所有的关键词，包括核心关键词和长尾关键词。

·搜索量：记录每个关键词的平均月搜索量，可以通过关键词研究工具获取。

·竞争度：反映每个关键词的竞争程度，通常以数字或指标表示。

·排名：记录每个关键词在搜索引擎中的排名情况，可以通过排名追踪工具获取。

·流量：估计每个关键词带来的网站流量，可以根据搜索量和排名计算得出。

·网页链接：记录与每个关键词相关的网页链接，便于跟踪和优化。

·优化情况：标记每个关键词的优化状态，如已优化、待优化等，方便进行工作安排。

·备注：提供额外的注释和备注，如关键词的相关性、重要性等。

通过关键词统计表，SEO 工作者可以清晰地了解每个关键词的搜索量、竞争度以及网站在搜索引擎中的排名情况。这些数据可以帮助制定优化策略，选择合适的关键词进行优化，并随时追踪和评估优化效果。此外，关键词统计表也为团队协作提供了便利，成员可以根据表格中的信息进行工作安排和分工，确保关键词的全面管理和优化。

10.3 实训任务：网站数据统计报告制作

10.3.1 任务描述

根据企业网站运营现有数据，进行分析整理，并完成判断分析过程。将分析结果以图表和文字描述的形式制作成统计报告，以展示阶段性的工作任务，并为后续的策略和工作计划调整提供数据支持。

10.3.2 任务目标

(1) 掌握搜索引擎优化工作岗位的数据统计报告制作技能。

(2) 使用 Excel 和其他数据可视化工具，完成数据展示要点。

(3) 利用 PPT 展示形式，将数据统计制作成报告。

(4) 掌握职场基础办公软件的使用技巧，包括 Excel 和 PPT 等工具。

10.3.3 任务思路

(1) 收集企业网站运营数据：首先，收集企业网站的运营数据，包括网站流量、访问量、页面停留时间、浏览深度等用户体验数据，以及关键词搜索来源、访问比重、用户地域比重、访问设备等网站内部数据。

（2）数据整理与清洗：对收集到的数据进行整理和清洗，确保数据的准确性和完整性。将数据按照指标分类整理，方便后续的分析和报告制作。

（3）数据分析与判断：利用 Excel 等数据分析工具，对整理后的数据进行分析和判断。根据数据指标和趋势，发现潜在的问题和机会，并总结出运营成果和改进点。

（4）制作统计报告：根据数据分析结果，以图表和文字描述的形式，制作统计报告。报告应包括关键指标的变化趋势、优化策略建议以及阶段性工作任务的完成情况。

（5）使用数据可视化工具：在报告中使用数据可视化工具，如图表、折线图、柱状图等，将数据直观地展示出来，使报告更易于理解和分析。

（6）制作 PPT 展示：将数据统计报告转化为 PPT 展示形式，设计简洁明了的幻灯片，并注意排版和配色，使报告更具吸引力和专业性。

（7）调整策略和工作计划：根据报告中的分析结果，结合实际情况，对后续的工作策略和计划进行调整和优化，以持续改进网站的运营效果。

（8）使用职场办公软件：在整个任务过程中，灵活运用职场基础办公软件，如 Excel 和 PPT 等，提高工作效率和报告制作质量。

10.3.4 任务演示

第一步：登陆绑定的网站统计工具（如百度统计），根据网站统计工具中记录的来源数据，以 30 天为一个周期，完成网站流量来源分析表 10－2 和表 10－3，并查看网站的来源中的搜索词和入口页面，完成表 10－4 和表 10－5。

表 10－2　　　　　网站流量来源数据统计表（第一个周期）

网站名称	XXX 公司		网站地址		www.domain.com	
来源	浏览量（PV）	访客数（UV）	IP 数	跳出率	平均时长	流量占比
直接访问	21	20	15	94.74%	00：04：19	30.88%
Google 搜索	23	14	17	89.47%	00：01：58	33.82%
百度搜索	14	12	12	100%	00：01：26	20.59%
搜狗搜索	4	4	4	100%	00：01：09	5.88%
360 搜索	2	2	2	100%	00：13：13	2.94%

续表

网站名称	XXX公司		网站地址		www.domain.com	
来源	浏览量（PV）	访客数（UV）	IP数	跳出率	平均时长	流量占比
Google Lens	3	1	1	0%	0：04：39	4.41%
外部链接	1	1	1	100%	00：00：03	1.47%
汇总	68	54	52	83.46%	0：03：50	100%

表 10－3　　　　　　　网站流量来源数据统计表（第二个周期）

网站名称	XXX公司		网站地址		www.domain.com	
来源	浏览量（PV）	访客数（UV）	IP数	跳出率	平均时长	流量占比
直接访问	254	114	113	53.51%	00：01：36	83.28%
百度搜索	39	25	26	96.15%	00：01：36	12.79%
Google搜索	6	6	6	100%	00：01：26	1.97%
搜狗搜索	5	2	2	50%	00：02：17	1.64%
Google Lens	1	1	1	100%	00：00：11	0.33%
汇总	305	148	148	63.09%	00：01：36	100%

表 10－4　　　　　　　　　网站搜索词统计表

序号	搜索词	浏览量（PV）	浏览量占比	访问次数	IP数	跳出率	平均访问时长
1	唐巍然　天坛普华	14	28%	1	1	0%	00：03：54
2	间充质干细胞 MSC	2	4%	2	2	100%	00：01：04
3	医学 msc 是什么意思	2	4%	2	2	100%	00：02：00
4	伽马刀北京专家	1	2%	1	1	100%	00：02：00
5	邵永孚中华第一刀	1	2%	1	1	100%	00：00：51
6	李定纲	1	2%	1	1	100%	00：00：05
7	MSc 细胞的作用	1	2%	1	1	100%	00：02：00
8	msc 临床研究的互补性	1	2%	1	1	100%	00：00：36
9	间充质干细胞分泌的细胞外囊泡指示乳腺癌细胞在骨髓血管区	1	2%	1	1	100%	00：02：00
10	细胞治疗 MSC 是什么意思	1	2%	1	1	100%	00：01：25

表 10－5　　　　　　　　　网站入口页面统计表

序号	页面 URL	贡献浏览量	访客数（UV）	IP 数	跳出率	平均访问时长
1	http：//www.xxx.com	39	37	36	94.59％	00：01：53
2	http：//www.xxx.com/list/post/918216	22	21	22	100％	00：01：35
3	http：//www.xxx.com/list/post/555131	15	2	2	50％	00：02：04
4	http：//www.xxx.com/list/post/548551	13	4	4	50％	00：01：45
5	http：//www.xxx.com/page/about	13	3	3	0％	00：00：59
6	http：//www.xxx.com/list/id/57493	12	3	3	33.33％	00：01：33
7	http：//www.xxx.com/list/post/526664	12	3	3	0％	00：00：55
8	http：//www.xxx.com/list/id/113913	11	3	3	33.33％	00：01：30
9	http：//www.xxx.com/list/post/253532	11	2	2	0％	00：00：59
10	http：//www.xxx.com/list/post/253541	9	3	3	0％	00：01：31

　　第二步：如图 10－7、图 10－8、图 10－9、图 10－10，运用查询工具（站长之家站长工具）查询 SEO 综合数据、关键词数据、反向链接和友情链接数据。（常见的查询工具包括站长之家站长工具、爱站网站长工具等）

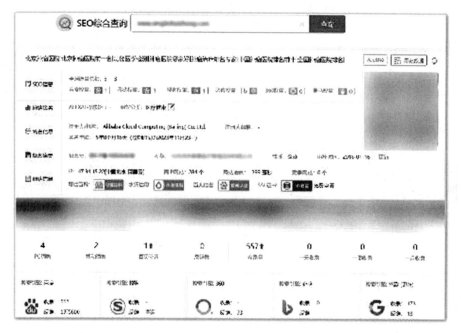

图 10－7　SEO 综合查询

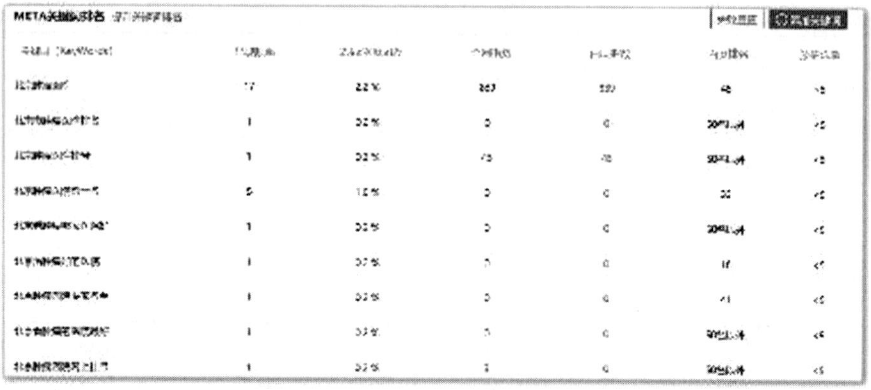

图 10－8　关键词数据查询

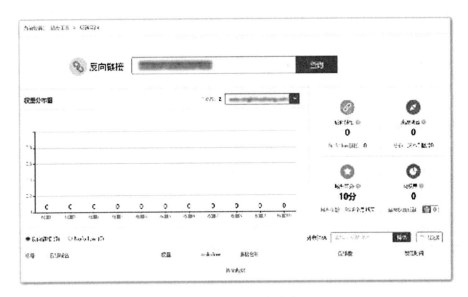

图 10－9　反向链接查询

图 10－10　友情链接查询

第三步：根据步骤二查询的结果，将网站日常数据记录在表 10－6 中，将网站关键词记录在表 10－7 中，将友情链接数据记录在表 10－9 中。经过步骤二的查询，该网站不存在反向链接，10－8 反向链接数统计表的数据记录为空。

表 10－6　　　　　　　　　网站日常数据统计表

网站名称	XXX 公司	网站地址	www.domain.com
查询日期	2023－8－7	全网预估流量总和	3～3
百度权重	1	移动权重	1

续表

网站名称	XXX 公司	网站地址	www. domain. com
搜狗权重	1	必应权重	0
360 权重	0	神马权重	0
同 IP 网站	284	网站速度	1299 毫秒
PC 词数	4	移动词数	2
首页位置	1	反链数	0
收录量	557	一天收录	0
一周收录	0	一月收录	0

表 10－7　　　　网站关键词统计表

网站名称	XXX 公司			网站地址	www. domain. com	
关键词	搜索量	百度指数	排名	预估流量	关键词密度	出现频率
北京肿瘤医院	44,500,000	839	45	<5	2.2％	17
北京市肿瘤医院排名	8,100,000	0	50 名以外	<5	0.2％	1
北京肿瘤医院挂号	10,600,000	45	50 名以外	<5	0.2％	1
北京肿瘤医院前十名	20,300,000	0	32	<5	1.0％	5
北京看肿瘤哪家医院好	100,000,000	0	50 名以外	<5	0.2％	1
北京治肿瘤好的医院	100,000,000	0	16	<5	0.2％	1
北京肿瘤医院专家名单	17,100,000	0	41	<5	0.2％	1
北京看肿瘤的医院最好	100,000,000	0	50 名以外	<5	0.2％	1
北京肿瘤医院网上挂号	19,300,000	0	50 名以外	<5	0.2％	1

表 10－8　　　　反向链接统计表

序号	反向域名	权重	Nofollow	链接名称	反链数	时间
暂无反向链接相关数据						

表 10－9 友情链接统计表

序号	站点	链接地址	nofollow	链接名称	百度权重	权重输出值	网站收录量	位置	友链数
1	北京 XXX 医学检验中心	www.xxx.com	无反链	无反链	1	0.2	84	0	0

第四步：将表 10－2、表 10－3 综合汇总，并运用 Excel 数据透视表功能进行可视化操作，制作成可视化图表。

表 10－10 不同阶段网站数据对比表

来源	浏览量（PV）		访客数（UV）		IP 数		跳出率	
	第 1 阶段	第 2 阶段	第 1 阶段	第 2 阶段	第 1 阶段	第 2 阶段	第 1 阶段	第 2 阶段
直接访问	21	254	20	114	15	113	94.74％	53.51％
Google 搜索	23	6	14	6	17	6	89.47％	100％
百度搜索	14	39	12	25	12	26	100％	96.15％
搜狗搜索	4	5	4	2	4	2	100％	50％
360 搜索	2	0	2	0	2	0	100％	0％
Google Lens	3	1	1	1	1	1	0％	100％
外部链接	1	0	1	0	1	0	100％	0％
汇总	68	305	54	148	52	148	83.46％	63.09％

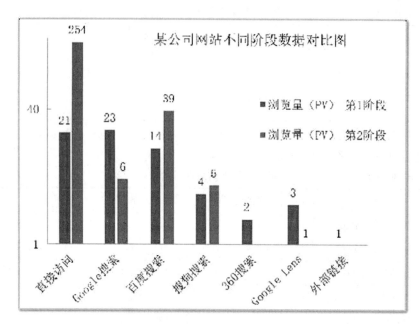

图 10—11 某公司网站不同阶段 PV 对比图

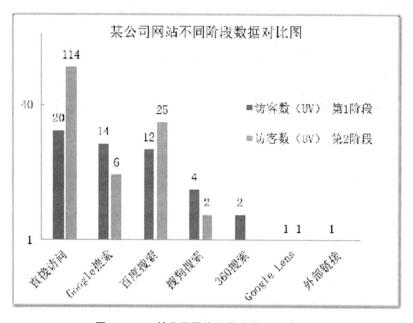

图 10—12 某公司网站不同阶段 UV 对比图

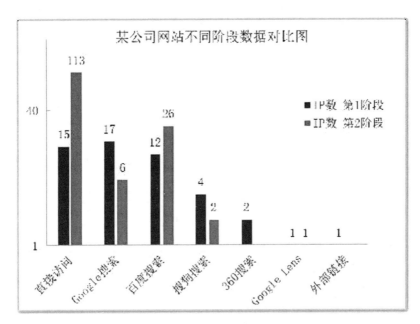

图 10－13　某公司网站不同阶段 IP 对比图

第五步：将各数据进行浏览来源对比、同比增长或下降的分析，然后根据数据分析的结果，得出相应的结论，并完成表 10－11。

表 10－11　　　　　　　　　网站数据分析结论统计表

分析指标	分析结论	可能的原因	改进措施
流量来源	1. 第二阶段的直接访问量明显提升。 2. 第二阶段的百度搜索访问量明显提升。 3. 跳出率明显下降，但依然比较高。 4. 网站设置的关键词与搜索词不匹配。	1. 网站关键词设置不是很合理。 2. 网站布局不合理。 3. 网站整体的内容质量度不高。	1. 根据网民的搜索词重新设置网站关键词。 2. 调整入口页面的页面布局。 3. 定期更新高质量的网站内容。
环比	跳出率环比下降 20%。		
用户体验	网站没有留言咨询窗口。	网站缺乏留言咨询功能。	开发留言咨询等网站功能。

第六步：根据网站数据分析的结论，形成完整的数据分析报告，并完成表 10－12。

表 10－12 网站 SEO 数据分析报告评价表

序号	评分项	评分标准
1	q目标明确	报告的目标和受众明确。
2	结构清晰	报告有清晰的结构和导航，能够快速浏览和找到所需信息。
3	简明扼要	语言表述简洁明了，重点突出关键结果和结论，剔除次要信息，保持报告内容的核心性。
4	q可视化展示	选择合适的图表类型，确保图表清晰易读，并提供相关的解释和标注。
5	q规范化	（1）整篇报告的图表风格统一、名词统一。 （2）使用具体的实例或案例来说明分析过程和结果。 （3）对数据分析的结果和趋势进行必要的解释和说明。

10.3.5　任务实施

根据模拟企业任务完成以下统计表。

（1）流量统计表：

（2）关键词统计表（排名）：

（3）其他统计表：

（4）将现有数据进行数据可视化处理：

（5）各数据同比增长和下降的分析：

（6）最终形成完整的数据分析报告（周报、月报、季报）：

10.3.6 任务评价：

日 期		年 月 日
评价内容	评价层次	
	是	否
是否能完成相关数据指标统计		
是否能针对数据进行数据可视化处理		
是否能完成对应统计工作日、周、月和季报表		
整体评价		
有益的经验和做法		
总结反馈建议		

10.3.7 拓展任务

　　某公司月底进行数据整理制作成图表后，经过数据分析后，发现公司网站的流量很大，但是用户咨询量比较少，请参考网站数据分析的技巧，分析可能的原因。

10.4　思政小课堂

10.4.1　分享案例：

三峡工程：科学、团结、精益求精的中国精神。

三峡工程从梦想到现实，历经一百年。它的兴建，是经过充分的科学论证，是集体智慧的结晶，体现了科学民主和精益求精的精神。

兴建三峡工程的设想，最早由孙中山 1919 年在《国际共同发展中国实业计划——补助世界战后整顿实业之方法》中提出，在长江三峡河段修建闸坝，改善航运并发展水电。1924 年孙中山在广州国立高等师范学校做《民主主义》演讲时，再次谈到开发三峡水利资源，振兴实业。

1944 年，国民政府邀请美国垦务局设计总工程师、享誉世界的坝工专家萨凡奇博士来华，考察后完成了轰动世界的"萨凡奇计划"——《扬子江三峡计划初步报告》，这是第一个比较具体，具有开发水能、改善航运的三峡工程计划，因为内战的爆发而搁置。

1979 年，国家的工作重心转向经济建设。1980 年，邓小平视察长江，听取了关于三峡工程的汇报，1982 年对是否兴建三峡工程果断表态："看准了就下决心，不要动摇！"1994 年 12 月 14 日，经过 40 多年反复论证，三峡工程正式开工。历时 12 年，于 2006 年 5 月 20 日，三峡大坝全线竣工。

三峡大坝的中国精神。

·科学民主。

经过科学论证，三峡工程建成后会发挥巨大的效益。一是防洪。兴建三峡工程的首要目标是防洪，可有效地控制长江上游洪水。经三峡水库调蓄，可使荆江河段防洪标准由现在的约十年一遇提高到百年一遇。二是发电。三峡水电站总装机容量 2250 万千瓦，对华东、华中和华南地区的经济发展和减少环境污染起到重大的作用。三是航运。三峡水库将显著改善宜昌至重庆 660 公里的长江航道，万吨级船队可直达重庆港。航道单向年通过能力可由现在的约 1000 万吨提高到 5000 万吨，运输成本可降低 35％～37％。作为治理开发长江的关键性骨干工程，三峡工程建设初期重点关注防洪、发电、航运三大功能，今天已扩展到防洪、抗旱、供水、航运、渔业、旅游、发电七项功能全面发挥。三峡工程的兴建，是经过充分的科学论证，是集体智慧的结晶，体现了科学民主的精神。

·团结协作。

三峡大坝建设牵涉到水利、电力、交通等多个领域，各个部门之间密切合作，充分发挥各自的优势，确保工程进展顺利。大坝建设中，设计部门、施工队伍、监理单位等紧密配合，共同解决技术难题，确保工程质量。此外，大坝建设需要大量的物资和设备运输，离不开运输队伍的支持。数以万计的人员和物资需要从各地运输到建设现场，这就要求各个环节之间紧密衔接、通力合作。运输队伍克服了重重困难，确保了物资按时到达，为大坝建设提供了保障。

·精益求精。

在三峡大坝的设计和建设中，工程师们不断追求技术上的创新和提升，力求达到最完美的方案。他们进行了大量的研究和试验，克服了许多技术难题，确保工程的安全性和稳定性。

三峡大坝建设需要精确的施工和严格的质量控制。施工队伍通过精细规划和严谨执行，确保每一个环节都精益求精，追求工程的高质量和高效率。他们严格遵守施工标准，进行严密的质量监控，保证工程的建设质量。

三峡大坝建设过程中涉及大量的资源和人力安排，需要进行精确的管理和协调。管理团队以精益求精的精神，优化资源配置，确保工程进度和质量。他们密切关注每一个细节，不断改进管理方法，提高效率和效果。

在三峡大坝建设中尤为重要的是安全性。施工队伍和管理团队始终把安全作为首要任务，不断改进安全管理措施，精益求精，确保工程建设过程中的安全。

三峡大坝的建设凝结了全国劳动人民的智慧，创造了这一世界壮举。在项目中，团队协作、顽强奋斗的敬业精神，吃苦耐劳、精益求精的工匠精神，成就了三峡工程这一大国重器，各行各业的高质量发展都离不开这一精神，这一精神值得世代传递下去。

10.4.2 案例讨论：

请同学们谈谈你认为三峡大坝的历史价值和现实意义？

任务十一：网站意见收集反馈

11.1 任务情境

A企业希望通过数据分析收集与前期工作任务相关的反馈意见，了解工作表现的优劣，并形成系统化的可分析的反馈意见。工作反思和意见反馈是提高岗位工作效率的必要条件，通过找到问题、解决问题和完善工作流程，可以提高工作效能。每个职业经理人都追求在工作中不断完善自我，以实现更大的价值。

11.2 知识准备

11.2.1 2网站数据统计反馈

通过对搜索引擎优化数据的统计和反馈，可以及时发现问题，优化网站，提高搜索引擎的排名和流量，从而增加用户访问和改善用户体验。同时，持续的数据统计和反馈可以帮助评估优化策略的有效性，指导后续的工作计划和调整。

（1）关键词排名和流量。

分析关键词在搜索引擎结果页面的排名情况，以及关键词带来的流量。可以收集关键词排名下降的情况，并提出优化建议，如调整关键词策略、改进页面内容、优化页面三标签等。

（2）网站收录情况。

检查搜索引擎对网站页面的收录情况，包括已收录页面数量和新增或减少的情况。若收录数量下降，可能需要检查页面质量或提交新页面的方式。此外，还需定期更新网站的Sitemap文件。

（3）外部链接质量和数量。

分析网站的外部链接情况，包括高质量链接的数量和质量评估。可以识别缺乏高质量链接的问题，并提供增加外部链接的建议，如寻找合作伙伴或进行内容推广。

（4）网站页面质量和用户体验。

通过页面访问量、停留时间、跳出率等指标评估用户对网站页面的体验。可以根据数据分析结果，收集用户体验反馈，了解用户对页面布局、导航结构、内容质量等方面的意见，并提出改进建议。

（5）入口页面与受访页面信息和价值。

通过对网站受访页面的分析，可以评估访客对网站内各个页面的访问情况。

·访客进入网站后通常首要访问和次要访问的页面是哪些。这些页面是访客形成对网站第一印象的重要页面，对于访客是否继续关注网站以及最终是否选择网站的产品或服务起着决定性的作用。

·访客进入网站后对哪些页面最关心或者最感兴趣。根据访客最关心或最感兴趣的页面内容，可以及时地更新或调整页面信息与布局，以促进访客尽快地转化成为网站客户。

·访客浏览各个页面的停留时间一般是多久。可以以此了解页面是否足够吸引访客。同时也可以将停留时间作为页面设计的参考因素，以便让访客在有限的访问时间内尽可能获取更多的价值信息，从而进一步实现网站推广目的。

·访客经常会在哪些页面离开网站。除了结账完成、注册完成页面等特殊页面外，其他页面的退出率高说明页面可能存在一定的问题。对于此类页面，需要及时地明确原因，以免丢失可能的商机。

（6）转化路径的统计与跟踪

通过跟踪转化路径，能够了解访客在整个转化过程中的访问情况，从中可以了解到进入网站的访客中哪些有潜力成为真正的客户，以及哪些步骤导致访客放弃了继续访问。同时，也可以评估目标页面或路径页面是否足够吸引访客。

此外，跟踪转化路径可以帮助站长深入了解网站访客的行为和意图，从而优化用户体验和提升转化率。通过分析访客在每个步骤的行为，可以发现潜在的问题和改进点，进而优化网站的目标页面和路径，提高访客的转化率。

（7）报告生成和展示

将数据统计和分析结果整理成可视化的报告，以图表、表格等形式展示，清晰地呈现搜索引擎优化的数据和趋势。报告应包括问题的识别、改进的建议和预期效果等内容。

11.2.2 用户体验反馈

用户体验反馈是指用户对网站的整体体验进行评价和反馈的过程。它涵盖了多个方面，包括易用性、导航结构、页面布局等，旨在了解用户在使用网站时所遇到的问题和感受，以改进网站的设计和功能，提供更好的用户体验。

在收集用户体验反馈后，需要对反馈内容进行整理和分析。可以将反馈按照不同的主题和问题进行分类，总结出用户常见的问题和需求，并将其与网站的设计和功能进行对比和评估。根据用户的反馈，可以进行相应的改进和优化，以提升网站的易用性、导航结构和页面布局，从而提供更好的用户体验。

11.2.3 功能需求反馈

功能需求反馈是指收集用户对网站功能的需求和期望的反馈。通过了解用户对网站功能的意见和建议，可以确定网站的功能发展方向，优化现有功能，以及添加新的功能，从而提升用户的满意度和使用体验。

在收集功能需求反馈后，需要对反馈内容进行整理和分析。可以将反馈按照功能类别进行分类，总结出用户常见的需求和建议，并将其与网站的当前功能进行对比和评估。根据用户的反馈，可以确定优先级高的功能需求，并制定相应的开发计划。

（1）内容评价。

内容评价是指收集用户对网站内容的评价和意见，包括文章、产品描述、图像等方面的反馈。通过了解用户对网站内容的喜好和意见，可以进行内容策略的改进，提供更有价值和吸引力的内容，以满足用户的需求和期望。

在收集内容评价后，需要对反馈内容进行整理和分析。可以将反馈按照不同内容类别进行分类，总结出用户常见的意见和建议，并将其与网站的当前内容进行对比和评估。根据用户的反馈，可以确定改进内容的方向和重点，提供更有价值和吸引力的内容，以满足用户的需求。

（2）页面加载速度。

页面加载速度是指用户在访问网站时所经历的页面加载时间。快速的页面加载速度对于提供良好的用户体验和满足用户期望非常重要。因此，收集用户对网站加载速度的反馈是优化网站性能和提供更好用户体验的关键一环。

通过收集用户对页面加载速度的反馈，可以了解用户的需求和期望，并发现网站性能方面的问题。根据反馈和分析结果，进行相应的优化和改进，以提供更快速、流畅的页面加载体验。这将有助于提升用户满意度、增加用户留存率，并提高网站的整体性能和竞争力。

（3）移动端适应性。

移动端适应性是指网站在移动设备上的表现和用户体验。由于越来越多的用户使用移动设备访问网站，确保网站在移动端具有良好的适应性和响应式设计变得至关重要。通过收集用户对移动端适应性的评价和反馈，可以了解他们在移动设备上访问网站时的体验，以便优化和改进网站的移动端表现。

通过收集用户对移动端适应性的反馈，可以了解用户在移动设备上的实际体验和需求，发现问题并提供改进建议。根据反馈和分析结果，进行相应的优化和调整，以提供更好的移动体验，增加用户的满意度和留存率。这将有助于提升网站在移动设备上的竞争力，吸引更多的移动用户，并提高整体的用户体验。

（4）错误和问题报告。

收集用户遇到的错误、功能故障等问题的反馈。这可以帮助发现并修复网站的问题，提升用户的满意度和体验，也可以借此机会改进和优化网站的功能和性能，为用户提供更好的服务。

（5）链接失效问题报告。

链接失效，即为死链接，死链接的问题反馈，可以帮助发现网站的失效链接，避免网站用户的流失和搜索引擎友好度的降低，还能避免网站权重和关键词排名的降低。如图11—1。

图 11—1 死链查询

（6）服务器稳定性问题报告

服务器稳定性问题反馈，能够及时确保服务器的稳定性和网页加载时间。这可以帮助及时发现服务器的宕机问题和响应时间长的问题，确保用户能够正常访问网站。

11.2.4 其他意见和建议

除了上述提到的错误和问题反馈内容外，还应鼓励用户提供其他与网站相关的意见、建议和想法。这些意见和建议可以涉及以下方面：

（1）品牌形象。

用户可以提供关于网站的整体品牌形象和视觉风格的反馈。他们可以分享对品牌标识、颜色搭配、字体选择等方面的意见，以帮助改进网站的视觉呈现和品牌形象。

（2）用户界面。

用户可以提供对网站用户界面的反馈。他们可以分享对导航栏、按钮样式、布局等方面的意见，以帮助改善网站的用户体验和易用性。

（3）交互流程。

用户可以提供对网站交互流程的反馈。他们可以分享对注册流程、购物流程、搜索功能等方面的建议，以帮助优化网站的交互设计和流程体验。

（4）内容建议。

用户可以提供关于网站内容的建议和想法。他们可以分享对文章主题、

产品描述、图像使用等方面的意见，以帮助网站提供更有价值和吸引力的
内容。

（5）社交媒体整合。

用户可以提供对网站与社交媒体的整合的意见。他们可以分享对社交分
享按钮、社交登录选项等方面的建议，以帮助网站更好地与社交媒体平台互
动和整合。

（6）竞争对手优劣势反馈。

监测反馈网站的竞争对手，是一个永无止境的过程。竞争对手优劣势反
馈可以帮助更有效地制订 SEO 策略。如图 11－2。

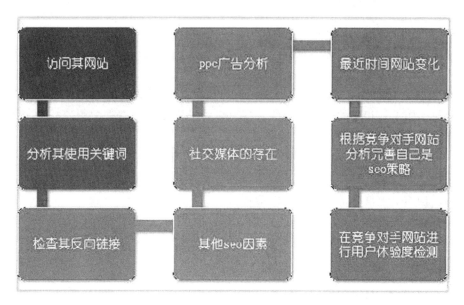

图 11－2　竞争对手优劣势反馈的要点

总结，鼓励用户提供这些方面的意见和建议，可以为网站的创新和改进
提供宝贵的灵感和反馈。在收集用户意见时，确保提供适当的渠道，如在线
表单、电子邮件或社交媒体平台，以便用户方便地分享他们的想法和建议。
同时，对于收集到的意见和建议，及时进行分析和总结，并将其纳入网站的
改进计划中。这样可以促进持续的优化和创新，以满足用户的需求和提供更
好的用户体验。

11.3 实训任务：网站意见收集反馈任务

11.3.1 任务描述

根据通过网站数据统计和分析发现的搜索引擎优化和网站设计、网站运营中产生的问题，收集反馈和建议，并形成工作反馈调查报告，为最终的网站搜索引擎优化方案提供意见支持。

11.3.2 任务目标

（1）找出网站优化过程中存在的问题：通过数据统计和分析，识别和记录搜索引擎优化过程中出现的问题和障碍。这可以包括技术问题、网站结构问题、内容问题等方面。

（2）展示搜索引擎优化数据中的不利因素：从数据分析结果中提取和展示与工作不利相关的指标和趋势。这可以帮助揭示网站在搜索引擎优化方面存在的挑战和改进点。

（3）锻炼问题发现能力：通过深入分析数据和用户反馈，培养发现问题和障碍的能力。这涉及对数据的敏感性、对用户反馈的理解和解读能力，以及对搜索引擎优化的专业知识的应用。

（4）提升职业技能能力：通过完成这个任务，提升自己在搜索引擎优化领域的专业知识和技能，包括数据分析、问题识别和解决、报告撰写等方面。这有助于个人的职业发展和在工作中的价值提升。

11.3.3 任务思路

（1）数据统计和分析：使用合适的工具和技术，对网站的搜索引擎优化数据进行统计和分析。这包括关键词排名、网站流量、收录情况、外部链接质量等方面的数据。

（2）问题识别和记录：根据数据分析结果，识别和记录搜索引擎优化过程中存在的问题和障碍。这可以包括关键词排名下降、流量减少、收录量下降、外部链接质量不佳等问题。

（3）用户反馈收集：设计合适的反馈渠道，例如在线调查表、意见箱、用户反馈页面等，收集用户对网站的意见和建议。关注用户体验、功能需求、内容评价、页面加载速度、移动端适应性等方面。

（4）数据整理和分析：整理和分析收集到的用户反馈和建议。归类和总结不同类型的反馈，提取关键问题和改进点。与之前的数据统计和分析结果进行对比，找出重复或相关的问题。

（5）形成工作反馈调查报告：根据问题识别和用户反馈分析结果，撰写工作反馈调查报告。报告应包括问题的详细描述、问题的影响和潜在解决方案的建议。使用图表、表格等形式清晰地展示数据和趋势。

（6）提供意见支持：在报告中提供具体的意见和建议，为最终的网站搜索引擎优化方案提供支持。建议应基于数据分析和用户反馈的结果，针对性地解决问题和改进网站。

（7）与相关团队沟通：将工作反馈调查报告与相关团队共享，包括网站开发团队、内容团队、市场团队等。与团队成员讨论报告中的问题和建议，制定相应的行动计划和优化策略。

（8）持续优化和改进：监测和评估实施优化方案后的效果，并进行迭代和改进。持续关注搜索引擎优化数据和用户反馈，及时调整策略和改进网站，以提高搜索引擎的排名和用户体验。

11.3.4　任务演示

第一步：结合任务十中的网站数据分析报告，找出数据下降的部分，并分析其原因，同时提出改善的方法，完成表 11－1。

表 11－1　　　　　　　　　　　网站异常数据原因分析

数据指标	指标数据展现	原因分析	改善方法
网站收录	近期收录率低。	网站缺少内链结构。	完善网站的内链结构。
网站跳出率	跳出率较高。	网站页面布局不合理。网站内容质量度不高。	完善入口网页的页面布局。定期更新高质量的网站内容。
目标关键词	搜索词与网站目标关键词不匹配。	网站关键词设置不合理。	结合用户搜索词重新确立网站关键词。

第二步：结合网站用户体验和网站功能，针对优化过程流程中发现的问题，进行阐述，并给出改善方法，并完成表 11－2。

表 11－2 网站优化过程中问题统计表

序号	问题描述	改善方法
1	网站缺少留言簿。	开发留言簿功能。
2	网站 logo 不够清晰。	重新设计清晰的网页 logo。
3	搜索词与网站目标关键词不匹配。	结合用户搜索词重新确立网站关键词。

第三步：根据上一阶段工作任务的反思总结，写出调整方案，完成表 11－3。

表 11－3 网站优化工作阶段性总结与优化方案

上阶段优化效果评估与总结	缺少留言咨询功能，网站跳出率偏高。 网站关键词与搜索词差异太大，网站关键词没人搜索。 网站内链结构不合理。 收录率较低，近期收录率很低，索引量一直没有增加。
下阶段优化方案	增加留言咨询模块。 根据搜索词优化网站内链结构。 定期更新高质量的原创内容。

第四步：根据反馈调整计划，制作下一阶段工作步骤和纲要，完成表 11－4。

表 11－4 SEO 阶段性工作计划表

SEO 阶段性工作计划表

序号	工作纲要	责任人	检查人员
1	增加留言咨询模块	网站程序员	部门主管
2	目标关键词选取	SEO 工作人员	部门主管
3	内链建设	SEO 工作人员	部门主管
4	入口页面三标签优化	SEO 工作人员	部门主管
5	图片优化	SEO 工作人员	部门主管
6	原创内容定期更新	内容编辑	部门主管

11.3.5 任务实施

通过数据分析报告，找出数据下降的部分，并分析其原因，找出改善的方法。
针对优化过程流程中发现的问题，进行阐述，并给出改善方法。
对上一阶段工作任务进行反思总结，写出调整方案。
针对反馈调整，制作下一阶段工作步骤和纲要。

11.3.6 任务评价：

日期	年　　月　　日	
评价内容	评价层次	
	是	否
是否会通过数据分析找出内在影响因素		
是否能针对问题提出调整意见		
是否会根据调整意见制定下一步工作计划		
整体评价		
有益的经验和做法		
总结反馈建议		

11.3.7 拓展任务

1. 如何判定网站被搜索引擎惩罚？需要采取什么补救措施？

11.4 思政小课堂

11.4.1 分享案例:

中国航天工匠精神: 小零件大作用。

2023 年 5 月 30 日, 长征二号 F 遥十六运载火箭在点火后成功起飞, 将航天员景海鹏、朱杨柱、桂海潮乘坐的神舟十六号载人飞船精确地送入预定轨道。这标志着我国空间站应用与发展阶段的首次载人飞行任务取得了圆满成功。

托举神舟十六号载人飞船飞天的"坐骑", 就是被誉为"神箭"的长征二号 F 遥十六运载火箭, 由中国航天科技集团有限公司七院所属的四川航天烽火伺服控制技术有限公司生产的快卸充气嘴, 就应用在这款"明星"火箭的伺服机构蓄压器上, 它作为蓄压器的阀门, 起到充气、放气和闭锁的作用。

看着毫不起眼的小小快卸充气嘴, 却有着大作用, 其稳定可靠的工作, 确保了伺服机构精准运行, 保证了长征二号 F 遥十六运载火箭搭载的神舟十六号载人飞船精确入轨。

· "小"身材的"大"作用。

快卸充气嘴是一个体型小巧但功能齐全的零件, 包含十个机械零件, 并需要经过车、铣、磨、钳、研等十几道加工工序, 其中还包括退火和真空淬回火两个热处理工序。

由于快卸充气嘴对于加工精度有很高的要求, 事先对零件坯料进行球化退火处理非常重要。通过球化退火处理, 可以消除零件坯料的应力, 减少裂纹的发生, 并同时改善材料的切削加工性能, 从而确保后续的加工过程能够顺利进行。

退火处理需要将零件坯料缓慢加热至一定温度, 然后保温一定时间, 最后以适宜的速率进行冷却。整个过程的加工周期需要 20 小时。为了有效控制退火处理的质量，张平等大国工匠利用热处理集散系统，每 10 秒记录一次温度、时间和速率的加工参数。该系统同时还具备实时监测和语音报警功能，极大地提高了热处理加工过程的质量控制能力。

· "定制参数"工艺技术方案：保证 100％合格率。

在将零件机加成型后，还需要进行真空热处理工序，以确保零件达到设计的硬度指标。这样可以使零件具有均衡的耐磨性和韧性，以确保快卸充气嘴在严苛的工作环境中能够稳定运行。快卸充气嘴零件的硬度指标对于温度参数非常敏感，因此在选择温度参数时，误差不能超过 5℃。这需要操作者具备极高的操作经验和对质量风险的管控意识。

由于每批次零件坯料的化学成分含量存在一定的浮动，不同的化学成分含量对于温度参数的要求也不同。为了保证产品质量的一致性，技术人员进行了技术攻关，并根据原材料碳含量的变化提供了针对性的工艺技术方案，制定了化学成分与温度参数的对照表。操作者只需根据对照表将参数直接下发给设备，从而提高了产品质量的一致性。

本案例说明中国航天在航天零件的制作方面已处于领先地位，可以从中感受到大国工匠在对待航天配件时的精雕细琢、精益求精、追求极致的敬业精神和工匠精神。

11.4.2 案例讨论：

请同学们分享一下你所了解的其他的中国航空航天的感人故事？

任务十二：网站优化方案策划

12.1 任务情境

在 A 企业阶段性网站优化任务完成后，根据前期的工作内容和网站已有的优化数据，进行新的网站优化方案策划任务。该任务需要结合数据分析和反馈意见，制定下一阶段的执行工作计划，以进一步提升网站的搜索引擎优化和用户体验。

12.2 知识准备

12.2.1 网站优化方案制作要素

· 方案要告诉谁？

· 什么内容？

· 要做些什么事情？

· 达到什么效果？

· 需要多少时间？

· 多少费用？

一份完整的网站优化方案需要包含的内容大致有以下几个方面：

(1) 目标用户群体。

网站目标用户群体分析主要是确定网站的目标用户是属于哪一类，目标客户进入我们网站的目的是什么，他们想获取什么信息？

不同的网站性质，其目标客户是不一样的，例如一个单纯为了流量的资讯网站，通过售卖广告位来盈利，那么他的网站内容必然是多样化的，面向的用户群体也是多样化的，不管是什么类型的人群，只要访问网站、浏览网页就行。

（2）竞争对手网站。

竞争对手的分析在网站优化方案中是必不可少的内容，正所谓知己知彼，百战不殆。竞争对手分析内容应该包括域名年龄、网站收录量、搜索引擎抓取频率、快照新鲜度、网站权重、网站内部和外部优化情况等。

（3）网站自身问题调整。

根据收集到的网站反馈，提出网站自身问题的解决方案。

（4）网站关键词的调整。

网站的运营与推广，关键词的选取是必不可少的，且网站在阶段性运营后，需要根据关键词数据报告重新选取更合适的关键词。在选取关键词时，要从两个方面思考：

· 现阶段用户在搜索什么？

· 在阶段性的关键词数据中，哪些关键词最具价值？

（5）重新确定 SEO 目标。

SEO 工作是不断调整和优化的，在运营完一个阶段后，需要根据反馈报告，重新调整 SEO 目标。确定好 SEO 目标后，需要将其分解到具体的每月、每周、每日的阶段小目标。

（6）风险和成本。

不管是做什么项目，都是需要成本的，也会伴随着风险。SEO 成本主要包括直接费用、时间成本和人力成本。网站的 SEO 工作是一个长期工作，其风险主要是成本超支、时间延迟和搜索引擎算法更新。

（7）制订 SEO 执行计划。

制订执行计划是 SEO 工作的最为重要的环节，再好的方案也需要一点一滴的落实执行。这就需要制订 SEO 日常工作计划。

12.3　实训任务：网站优化方案策划

12.3.1　任务描述

根据网站的工作反馈调查报告，制订网站优化方案。

12.3.2　任务目标

（1）完成网站搜索引擎优化工作方案制订：通过综合前期工作成果和数据分析，制定针对网站搜索引擎优化的具体工作方案。这包括确定优化目标、分析关键词和竞争对手、制定优化策略和计划等。

（2）制作搜索引擎优化方案、策划案：将制订的搜索引擎优化工作方案整理成文档形式，形成搜索引擎优化方案和策划案。该文档应包括详细的优化策略、实施步骤、时间计划、资源需求等内容，以供后续执行工作参考和指导。

12.3.3　任务思路

（1）综合前期工作成果：回顾前期的数据采集、统计、分析和反馈结果。了解网站的当前状态，发现已有的问题和潜在的改进机会。

（2）确定优化目标：根据前期工作成果和企业的战略目标，明确下一阶段的网站优化目标。这可以包括提高网站流量、提升搜索引擎排名、增加转化率等。

（3）分析竞争对手：进行竞争对手分析，研究同行业其他企业的网站优化情况。了解竞争对手的优势和不足，找到可以借鉴和超越的方面。

（4）制定优化策略：基于前期工作成果和目标设定，制定具体的网站优化策略。考虑内容优化、技术优化、用户体验优化等方面，确定应采取的具体措施和方法。

（5）制定工作计划：将优化策略转化为具体的工作计划。确定优化任务、分配责任、设定时间表和里程碑，确保优化工作能够按计划进行。

（6）资源预估和风险评估：评估所需资源，包括人力、技术和预算等方面。同时，评估可能存在的风险和挑战，并制定相应的风险应对措施。

（7）编写策划报告：将上述内容整理成一份完整的策划报告。报告应包括优化目标、策略、工作计划、资源预估和风险评估等内容，以便后续执行工作的参考和指导。

12.3.4　任务演示

第一步：根据前期工作成果和问题反馈报告，重新确定网站目标，并完成表 12－1。

表 12－1　　　　　确定优化目标统计分析表

分析内容	分析结果
网站类型	医疗网站
网站盈利模式	出售医疗服务
目标客户群体	肿瘤患者

续表

分析内容	分析结果
目标客户群体的特征	迫切需要找一个好的肿瘤医院。 对肿瘤充满未知而担心受怕。
目标客户群体的共同需求点	需要一个好的诊疗方案。
网站优化目标	提升网站流量和咨询量。

第二步：根据网站自身问题反馈报告和竞争对手分析结果，完成表12-2。

表 12-2　　　　　　　竞争对手与自身网站分析表

分析内容	竞争对手 1	竞争对手 2
域名年龄	25 年 9 个月 5 天	16 年 4 个月 17 天
网站权重	2	3
收录量	6 万 1400	2 万 6772
搜索引擎抓取频率	一月收录 47 篇	一周收录 70 篇
快照日期	一周内	3 天内
URL 是否标准化	网址伪静态化	网址伪静态化
站内链接的深度	5 层	4 层
H 标签的使用情况	文章内容页标题没有使用 H 标签	文章内容页标题使用了 H1
图片优化情况	内容页面图片大小统一	内容页面图片大小统一
反向链接的数量	95	253
友情链接数量	1	1
新媒体平台情况	微信订阅号与服务号、知乎、小红书、博禾医生、京东健康、好大夫在线、99 健康网、有来医生网、百度健康	微博、好看视频、知乎、小红书、博禾医生、好大夫在线、有来医生网、复禾健康、39 就医助手、全球百科、搜狐号、微信公众平台、百度健康、中华康网

第三步：根据自身网站关键词数据报告，结合竞争对手关键词分析情况，完成表12-3，并确定网站优化关键词。

表 12－3　　　　　竞争对手与自身网站关键词排名情况对比表

网站关键词	竞争对手 1 排名	竞争对手 2 排名	自身网站排名
北京肿瘤医院	34	1	45
北京治肿瘤好的医院	50 名以外	50 名以外	18
北京看肿瘤哪家医院好	50 名以外	50 名以外	50 名以外

第四步：根据网站问题反馈报告，调整网站页面的结构，完成表 12－4。

表 12－4　　　　　　　网站页面结构调整统计表

结构调整的位置	调整方法	调整后的预期效果
网站链接结构	将相关性的网页通过关键词链接起来。	网站内链结构枝繁叶茂。

第五步：根据网站内容问题反馈结果，确定网站内容的调整策略，完成表 12－5。

表 12－5　　　　　　　　网站内容调整统计表

调整的内容	调整方法	调整后的预期效果
外部链接发布平台	在各类型医疗导航网站留取自身网站信息。	各主要医疗导航网站能查询到自身网站信息。
下阶段优化的核心关键词	北京肿瘤医院 北京治肿瘤好的医院 北京看肿瘤哪家医院好	排名进入前 10。
内容发布	定期更新高质量的原创内容。	提升网站整体内容质量度，增加网站收录量。

第六步：根据网站问题反馈报告，将除上述步骤之前的其他问题的解决方案填写在表 12－6 中。

表 12－6　　　　　　　其他问题的解决方案统计表

其他问题	解决方法	预期效果
品牌形象	重新设计清晰的网站 logo。	网站 logo 清晰可见。
……		

第七步：结合网站问题反馈报告和上述步骤的内容，完成网站优化方案策划报告，定制 SEO 每日工作计划和 SEO 阶段计划，完成表 12－7 和表 12－8。

表 12－7 SEO 阶段工作计划

阶段日期	工作主题	工作内容	策略方法	完成情况	备注
	内容发布	定期更新高质量的原创内容。	围绕确定的关键词更新网站内容。		
	外链平台建设	在各类型医疗导航网站发布自身网站信息。	寻找优质的医疗导航网站，并在其平台上发布信息。		
	内链建设	网站内链建设。	将相关性高的网页通过关键词链接起来。		
……					

表 12－8 SEO 每日工作计划

SEO 工作计划				
工作时间	工作内容	工作人员	工作进度	检查人员
9：00－10：30	1. 完成上一日的网站数据收集与统计。 2. 完成自媒体平台的数据收集与统计。	SEO 工作者		部门主管
10：30－15：00	1. 公司网站文章内容更新，社交媒体、自媒体等平台文章内容更新和软文发布。	SEO 工作者		部门主管
15：00－16：00	1. 每日去各类高流量的新媒体平台发表文本留言外链信息。 2. 每日去各类视频网站发表评价软文。 3. 每日交换若干个高质量友情链接。	SEO 工作者		部门主管
16：00－17：00	1. 每日稳定在各类视频平台发布小视频或软文信息。 2. 定期定时在 QQ、微信粉丝群里发布宣传信息。 3. 每日定时在图片平台网站上发布图片宣传信息。	SEO 工作者		部门主管
17：00－18：00	1. 查看百度、360、搜狗、神马等搜索引擎的 SEO 数据信息，记录好当天的工作内容。 2. 统计当天关键词、外链、用户增长数。 3. 记录咨询客户的相关信息，并做好跟踪。	SEO 工作者		部门主管

12.3.5　任务实施

（1）网站页面结构调整。

（2）网站收集数据工作策划。

（3）网站关键词方案计划。

（4）网站内容调整计划（站内外）。

（5）在优化过程当中发现其他问题的解决方案。

（6）形成最终阶段性工作优化方案策划报告。

12.3.6 自我评价：

日期		年　月　日		
评价内容	评价层次			
	了解	熟悉	掌握	精通
前提工作反馈报告				
关键词优化方案				
网站结构调整方案				
网站内容计划方案				
网站整体优化方案策划				
整体评价				
有益的经验和做法				
总结反馈建议				

12.3.7 拓展任务

完成企业网站的网站优化策划书。

12.4 思政小课堂

12.4.1 分享案例

C919——中国航空梦的新里程碑。

· 自力更生与自主创新:

C919 作为中国首架具有自主知识产权的大型喷气式民用飞机,它的成功首飞标志着中国航空高端装备制造业提升到一个全新的高度,是中国航空工业发展的重要里程碑。与国际同类飞机相比,C919 在基本技术上没有差距,甚至在一些关键技术上有所超越。这充分展示了中国在航空领域的自主研发和创新能力。

· 吸收转化与再创新:

C919 的研发和制造是一个庞大的系统工程,涉及到众多的学科和技术领域。从设计到制造,C919 的每一个环节都凝聚了中国工程师和技术工人的辛勤努力和智慧。在 C919 的研发过程中,中国航空工业吸收了大量的国际先进技术,同时结合自身的实际情况进行了创新。这种吸收转化再创新的方式,为国内航空产业的发展提供了强大的动力。

· 团队协作,全面提升航空产业国际化:

随着 C919 的成功首飞,国内会诞生一批具有国际先进水平的优秀公司。这些公司将依托 C919 项目,不断提升自身的技术实力和创新能力,推动中国航空产业的快速发展。同时,C919 的成功研制和首飞也促进了中国与国际航空工业的合作与交流,推动了中国航空产业的国际化进程。

· 爱国主义和民族自豪感

C919 的成功首飞也激发了国人的爱国主义情感和民族自豪感。作为一个具有国际先进水平的民用飞机项目,C919 的成功研制和首飞不仅提升了中国在国际上的地位和形象,也为中国人民争了一口气。C919 的研制和生产过程展示了中国航空人的勇气和决心,他们敢于拼搏、追求卓越的精神激励着全国人民为祖国的繁荣和发展而努力奋斗。

综上所述,C919 作为中国航空梦的新里程碑,对于中国航空工业的发展具有重要的意义和价值。它的成功研制和首飞不仅标志着中国航空高端装备制造业提升到一个全新的高度,也促进了国内航空产业的发展和国际化进程。同时,C919 的成功研制和首飞也激发了国人的爱国主义情感和民族自豪感,激励着全国人民为祖国的繁荣和发展而努力奋斗。

12.4.2　案例讨论

请同学们聊一聊,你认为是什么在推动这我们一步步实现我国的航空梦?

附录：百度搜索算法总汇

2013 年 2 月：绿萝算法。

绿萝算法 1.0：

2013 年 2 月 19 日绿萝算法 1.0 上线，该算法主要打击超链中介、出卖链接、购买链接等超链作弊行为。该算法的推出有效制止恶意交换链接，发布外链的行为，有效净化互联网生态圈。

绿萝算法 2.0：

2013 年 7 月绿萝算法 2.0 进行更大范围更加严格的处理。第一、加大过滤软文外链的力度；第二、加大对目标站点的惩罚力度；第三、对承载发布软文的站点进行适当的惩罚，降低其在搜索引擎中的评价，同时，针对百度新闻源站点将其清理出新闻源。

2013 年 5 月：石榴算法。

石榴算法将针对低质量页面进行一系列调整，第一期将对此类页面生效：含有大量妨碍用户正常浏览的恶劣广告的页面，尤其以弹出大量低质弹窗广告、混淆页面主体内容的垃圾广告页面为代表。

2014 年 8 月：冰桶算法。

冰桶算法 1.0：

2014 年 8 月 22 日，百度搜索发布冰桶算法公告，针对强行弹窗 app 下载、用户登录、大面积广告等低质站点和页面进行调整，对用户可直接使用的优质资源进行优先展现。相应地，必须下载 app、必须登录等才可正常使用的资源排序会大幅下降。

冰桶算法 2.0：

2014 年 11 月 18 日，百度搜索发布冰桶算法 2.0 公告，针对全屏下载、在狭小的手机页面布设大面积广告遮挡主体内容、强制用户登录才可以使用等影响用户体验的问题进行打压。

冰桶算法 3.0：

2016 年 7 月 7 日，百度移动搜索将冰桶算法升级至 3.0 版本。3.0 版本将严厉打击在百度移动搜索中打断用户完整搜索路径的调起行为。

冰桶算法 4.0：

2016 年 9 月 19 日，百度搜索发布冰桶算法 4.0 公告，针对移动搜索结果页广告过多、影响用户体验的页面，进行策略调整。各站点应尽快整改广告过多页面，优化页面广告布局，控制每屏广告的占比率，以保障用户浏览体验，以免被策略命中影响网站流量。

冰桶算法 4.5：

2016 年 10 月 26 日，百度搜索再次升级冰桶算法至 4.5 版本，打击通过色情动图、露骨文本、非法博彩等恶劣诱导类广告吸引用户点击的站点，降低其在百度搜索系统中的评价。

冰桶算法 5.0：

2018 年 11 月，百度搜索升级冰桶算法至 5.0 版本，本次算法升级以《百度移动搜索落地页体验白皮书 4.0》为标准，覆盖百度 APP 内存在的落地页广告、APP 调起、展开全文功能等问题，对存在问题的搜索结果页进行违规内容过滤或限制搜索展现的处理。

百度 APP 移动搜索落地页体验白皮书 5.0。

2020 年 3 月，百度发布《百度 APP 移动搜索落地页体验白皮书 5.0》，与 2018 年 8 月发布的《百度移动搜索落地页体验白皮书 4.0》相比，白皮书 5.0 不仅在页面加载、广告位置、功能交互等方面有了更明确、细致的规范要求，还增加了用户服务需求的体验标准说明，这是百度致力于满足用户深层次搜索需求的重要举措，也彰显了百度为搜索用户打造更完善的内容消费及服务平台的决心。

本书适用于所有与百度搜索合作的开发者，包括但不限于智能小程序、H5 站、PC 站等，同时搜索结果的 TOP1 专业问答/OpenCard/笔记等产品形态也需遵守本白皮书规范。

书中体验标准主要适用于对搜索用户有明确检索价值的页面。对用户没有检索价值的页面，如色情、违法、作弊页面，低质页面（页面死链、空白、内容空短）、查看页面内容时强制用户下载 APP 或不合理登录等限制行为属于百度搜索算法严厉打击的低质作弊问题。

百度搜索将严厉打击色情低俗广告内容。

2019 年 1 月，为了维护健康积极的搜索生态环境、保障用户的搜索体验，百度搜索技术团队发布《百度搜索将严厉打击色情低俗广告内容》将在近期对存在色情低俗广告的违规站点严厉打击，绝不姑息。百度搜索将对色情低俗广告进行屏蔽过滤，并对涉及违规内容的站点采取永久限制搜索展现的处理。

百度搜索将严格控制搜索中的权限问题。

2019 年 4 月，百度搜索发现在搜索中部分站点存在内容获取权限、功能使用权限等问题，影响搜索用户的体验。百度搜索一直致力于让用户快捷地从搜索中获取所需内容，减少用户获取信息的成本。

为了更好地满足搜索用户的需求，对于搜索结果中存在权限限制的站点或智能小程序，近期将上线策略进行严厉打击。

2016 年 11 月：蓝天算法。

蓝天算法 1.0：

2016 年 11 月，百度搜索推出蓝天算法，持续打击新闻类站点售卖软文、目录的行为，还用户一片搜索蓝天。被"蓝天算法"所覆盖的站点将会被降低其在百度搜索系统中的评价。

蓝天算法 2.0：

2021 年 7 月，百度搜索技术团队发现"站点构造目录发布低质、虚假等与站点主题无关内容"的现象有所增加，不仅严重扰乱搜索秩序，更是侵害了优质开发者的权益。基于此，百度搜索将全面升级"蓝天算法"，2.0 版本的蓝天算法会增强对上述现象的识别和控制能力。

为了维护搜索的公平公正，更是为了保护优质开发者的权益，百度搜索技术团队会持续针对影响搜索秩序的违规行为进行识别和控制，与广大优质开发者共同守护百度搜索的健康生态。

2017 年 2 月：烽火算法。

烽火算法 1.0：

2017 年 2 月，百度推出烽火反劫持计划（简称"烽火计划"），对出现恶意劫持行为的站点进行干预处理，全力打击有损用户体验和安全的行为。

《网站被黑操作指南》：

2018 年 3 月，为了保证搜索生态安全，保障用户权益，百度搜索发布《网站被黑操作指南》，引导站点排查被黑情况。

烽火算法 2.0：

2018 年 5 月，百度搜索上线烽火算法 2.0，严惩"窃取用户数据"和"恶意劫持"的行为。

2019 年 10 月，烽火算法 2.0 扩大了覆盖范围，1. 存在主动劫持问题的站点，请尽快清理问题页面，不要再尝试类似做法；2. 存在被动劫持的站点（常见的有：漏洞被黑、广告劫持、JS 劫持、局域网劫持等），降低网站被劫持的风险。

烽火算法升级版：

2021 年 8 月，百度搜索接到用户关于部分站点存在回退按钮失效情况的投诉。为了保障用户的搜索体验，烽火算法将于近期升级，针对回退按钮失效的情况扩大了覆盖范围，加大了控制力度。

2017 年 7 月：飓风算法。

飓风算法 1.0：

2017 年 7 月 4 日，百度搜索资源平台发布公告推出飓风算法，旨在严厉打击以恶劣采集为内容主要来源的网站，同时百度搜索将从索引库中彻底清除恶劣采集链接，给优质原创内容提供更多展示机会，促进搜索生态良性发展。

飓风算法会例行产出惩罚数据，同时会根据情况随时调整迭代，体现了百度搜索对恶劣采集的零容忍。优质原创站点如发现站点索引量大幅减少且流量大幅下滑现象，可在百度搜索资源平台的反馈中心进行反馈。

飓风算法 2.0：

2018 年 9 月 13 日，百度对飓风算法进行升级，发布飓风算法 2.0，主要打击采集痕迹明显、内容拼接、站点存在大量采集内容、跨领域采集等五类采集行为。飓风算法 2.0 旨在保障搜索用户的浏览体验，保护搜索生态的健康发展，对于违规网站，百度搜索会依据问题的恶劣程度有相应的限制搜索展现的处理。对于第一次违规的站点，改好后解除限制展现的周期为 1 个月；

对于第二次违规的站点，百度搜索将不予释放。

飓风算法 3.0：

2019 年 8 月 8 日，百度搜索将飓风算法升级到飓风算法 3.0，主要打击百度搜索下的 PC 站点、H5 站点、智能小程序存在的跨领域采集及批量构造站群获取搜索流量的行为。飓风算法 3.0 旨在维护健康的移动生态，保障用户体验，保证优质站点/智能小程序能够获得合理的流量分发。

2017 年 9 月：清风算法。

清风算法 1.0：

2017 年 9 月，百度推出清风算法 1.0，旨在严惩网站通过网页标题作弊，欺骗用户并获得点击的行为，从而保证搜索用户体验，促进搜索生态良性发展，并颁布《百度搜索网页标题规范》供各站点参考进行自查整改。当站点标题存在以下恶劣问题时，百度会对这类结果做相应的搜索结果展现限制。

标题内容虚假：指标题和网页内容不相符，欺骗诱导用户点击的情况。

标题重复、堆砌：指网站通过网页标题过度重复或堆砌等手段，获取不正当流量的情况。

清风算法 2.0：

2018 年 5 月，百度搜索推出清风算法 2.0，严厉打击欺骗用户下载的问题行为，主要分为实际下载资源与需求不符和提供了下载链接，而实际站点无下载资源这两种情况。

清风算法 3.0：

2018 年 10 月，为了保证搜索用户体验、促进下载行业生态正向发展，百度将对清风算法进行升级，推出清风算法 3.0，将《百度搜索下载站质量规范》中的标准和已有的清风算法 1.0、清风算法 2.0 进行整合，对下载站的标题作弊、欺骗下载、捆绑下载等问题进行全面审查。针对不符合质量规范要求的低质下载站，将限制其在百度搜索结果中的展现。

《百度搜索网页标题规范》：

2018 年 11 月，百度搜索针对网页标题作弊行为发布《百度搜索网页标题规范》，对搜索生态下的网页标题进行了严格的规范和要求。不符合《百度搜索网页标题规范》的站点，将会被清风算法 1.0 覆盖，受到限制搜索展现的处理。

《百度搜索下载站质量规范》：

2018 年 10 月，百度搜索发布《百度搜索下载站质量规范》，对百度搜索范围内下载站的站点行为进行严格要求和控制。不符合此规范的下载站，将会被清风算法 3.0 覆盖，受到搜索展现的限制。

《关于百度搜索严厉打击虚假诈骗等违法违规信息的公告》：

2019 年 2 月，为了维护安全健康的搜索生态，保障搜索用户的合法权益，百度搜索发布《关于百度搜索严厉打击虚假诈骗等违法违规信息的公告》，打击电信网络中的虚假诈骗、违法交易、黄赌毒等违法违规信息。

清风算法 4.0：

2021 年 9 月，为保障用户的下载体验，让提供优质下载服务的站点得到合理的展现，促进下载行业生态良性发展，百度搜索将于近期升级清风算法，针对不符合规范的低质下载站，将限制其在百度搜索结果中的展现。

百度搜索鼓励开发者为用户提供安全便捷的下载服务，当用户有下载需求时，站点可以直接为用户提供真实可信、有效的下载资源，并在页面中为用户提供详细的下载说明，辅助用户了解资源信息。

2017 年 11 月：惊雷算法。

惊雷算法 1.0：

2017 年 11 月，百度搜索提出惊雷算法，严厉打击通过刷点击提升网站搜索排序的作弊行为，以此保证搜索用户体验，促进搜索内容生态良性发展。

惊雷算法 2.0：

2018 年 5 月，百度搜索对惊雷算法进行升级，推出惊雷算法 2.0，针对"恶意制造作弊超链"和"恶意刷点击"的作弊行为，惊雷算法 2.0 将对作弊的网站限制搜索展现、清洗作弊链接、清洗点击，并会将站点作弊行为计入站点历史，严重者将永久封禁。

《百度搜索推出惊雷算法　严厉打击刷点击作弊行为》：

2019 年 11 月 20 日，搜索资源平台上线《百度搜索推出惊雷算法　严厉打击刷点击作弊行为》，主要打击通过刷点击，提升网站搜索排序的作弊行为。

惊雷算法 3.0：

2021 年 1 月，为维护广大开发者的权益，促进移动生态的良性发展，百度搜索于 1 月中旬推出了惊雷算法 3.0，并持续扩大算法的影响力。本次升级严厉打击通过伪造用户行为来试图提升网站搜索排序的作弊行为。

2018 年 5 月：极光算法。

2018 年 5 月底，百度搜索上线极光算法，旨在倡导资源方重视网站落地页时间规范。落地页时间因子是百度搜索判断网站收录、展示、排序结果的重要参考依据。

为了让用户获得更满意的搜索浏览体验，百度给予符合落地页时间因子要求且时效性较高的网页更多的收录、展现机会，同时减少不符合规定的网站的展现机会。

2019年5，为了让百度搜索的重要合作伙伴——优质站点免遭损失，百度搜索推出《百度搜索落地页时间因子规范》，开放对落地页时间因子的提取规范，满足搜索用户的浏览体验，同时避免站长造成损失，实现共赢。

2019年5月：信风算法。

2019年5月，百度搜索发布信风算法，打击网站利用翻页键诱导用户的行为。信风算法主要针对以下情况：用户点击翻页键时，自动跳转至网站的其他频道页（如目录页、站外广告页等）。

2018年6月：细雨算法。

细雨算法1.0：

2018年6月，针对B2B领域的受益行为，百度搜索发布细雨算法，针对B2B行业的网站受益问题进行规范和引导。

为保证搜索用户体验，促进供求黄页类B2B站点生态健康发展，百度搜索推出细雨算法，命中算法的站点将会受到限制展现的处罚。

细雨算法2.0：

2019年11月7日，百度搜索发布细雨算法2.0公告，针对B2B领域主要包含供求黄页、加盟代理、生产代工、批发交易等内容，将会根据违规问题的恶劣程度，酌情限制搜索结果的展现。

2020年2月：劲风算法。

劲风算法主要针对以下四类恶劣聚合页问题。

（1）内容跨领域。页面内容与站点本身所属领域不符，或站点无专注领域，多为采集拼凑内容。

（2）题文不符。聚合页内容与标题或标签描述不符，大部分情况是标题所描述的信息超出了页面的承载内容，甚至与页面内容毫不相关。

（3）静态搜索结果页。基于网站搜索功能大量生成的静态搜索结果页。

（4）无效聚合页。空短、无有效信息、失效的聚合页。